고전에서 배우는 새로운 인생의 지혜
명심보감과 함께하는 **마음공부**

고전에서 배우는 새로운 인생의 지혜

명심보감과 함께하는
마음공부

송봉구 지음

서문

이 『명심보감과 함께하는 마음공부』는 《양산신문》에 2021년 3월부터 2023년 4월까지 약 2년간 기고한 글을 수정 중보한 것이다. 『명심보감』에서 99개의 문장을 가려 뽑아서 해석과 해설을 더했다. 제목을 '명심보감과 함께하는 마음공부'로 정한 이유는 『명심보감』의 주된 내용이 동양의 현자들 예를 들면 공자, 맹자, 순자, 노자, 장자, 주자 등의 현인들이 남긴 말씀으로, 오늘의 우리가 마음을 수양하는 데 적실한 가르침이기 때문이다.

본문은 다섯 부분으로 나누어 구성했다. 첫째는 유교 수양법이다(1~57). 공자의 극기복례, 맹자의 호연지기, 순자의 대청명, 주자의 거경궁리, 퇴계의 경 수양법으로 정리하였다. 중복되는 부분이 있지만 맥락에 따라 조금씩 다른 의미로 여러 번 읽는 것도 마음 수양에는 도움이 된다고 보아 그대로 두었다. 둘째는 불교 수양법이다(58~63). 석가모니의 『금강경』, 육조혜능의 『육조단경』, 당나라 조주 스님의 무자 화두, 성철 스님의 삼천배 등이 포함된다. 오늘날 많은 사람들이 선망하는 불교의 명상을 이해하는 데 도움이 될 것이다. 셋째는 도가 수양법이다(64번~70). 노자의 허심, 장자의 우화 등으로 구성되어 있다. 마음을 비운다는 것이 무엇을 의미하는지 이해하게 될 것이다. 넷째는 동학의 수양법이다(71~88). 수운의 21자 주문 수련법,

해월의 일화, 손병희의 3·1운동 등을 중심으로 정리하였다. 동학의 21자 주문을 통해서 마음을 어떻게 닦아서 밝히는지 알 수 있다. 다섯째는 원불교 수양법이다(89~99). 원불교의 창시자 소태산 박중빈과 그 계승자 정산 송규 선생의 말씀을 중심으로 정리하였다. 어려운 불교를 쉽게 전달하는 소태산 선생의 지혜를 배울 수 있을 것이다. 『명심보감』 99개 문장을 통해서 동양의 현자들이 남긴 말씀을 읽고 생각하다 보면 자신의 마음이 변화되는 것을 느끼게 될 것이다. 그리고 그 느낌을 계속 살려 나가면 이 혼란한 시대를 슬기롭게 건너가는 지혜를 얻을 수 있을 것이다. 이것이 오늘 다시 『명심보감』을 새롭게 출판하려는 의도이다.

이 책의 근간을 이루는 『명심보감(明心寶鑑)』은 고려 충렬왕 때 문신이었던 추적이 저술한 것이다. 원래 계선(繼善)·천명(天命) 등 19편으로 되어 있던 것을 근래에 와서 어떤 학자가 증보(增補)·팔반가(八反歌)·효행(孝行)·염의(廉義)·권학(勸學) 등 5편을 증보하여, 모두 24편으로 구성되어 있다.

핵심 내용은 살아가면서 마주하는 다양한 문제를 해결하기 위해 우리가 어떤 노력을 해야 하는지, 공부는 어떻게 해야 하는지, 정치는 어떻게 해야 하는지 그 대안을 여러 고전의 구절을 인용하여 제시하는 것이다. 고전(古典)은 오래된 책 가운데, 오늘날에도 읽히는 책을 말한다. 오래전에 쓰인 옛날 책 『명심보감』이 과연 오늘 우리의 문제를 해결할 수 있을지 의문을 가질 수 있다. 다음과 같은 몇 가지 이유로 『명심보감』은 오늘날에도 여전히 읽을 가치가 있는 책이다.

첫째, 책의 제목에서 알 수 있듯이 『명심보감』은 마음을 밝히는 데(明心) 초점을 맞춘 글들을 모은 책이다. 우리는 마음을 왜 밝혀야 하는가? 그것은 인간이 매일 매일의 일상에서 시달리며 살아가느라 본래의 자기 마음을 잃어버리고 살아가기 때문이다. 그 끝은 살인, 강도, 사기, 폭력 등 입에 담기조차 부끄러운 사건들이다. 그런 '신문에 날 만한' 범죄 사건이 아니더라도, 우리는 일상에서 얼마나 많은 갈등과 직면하는가. 타인과의 대면에서뿐 아니라 나 자신과도 갈등하고 대치하며 살아가는 것이 인간이다.

이런 모든 사건과 갈등과 고뇌는 모두 지나친 욕심이나 자의식 때문이다. 문제를 해결하기 위해서는 욕심을 줄이고 마음을 비워야 하는데, 마음을 밝힌다는 것은 바로 그 일을 말하는 것이다. 『명심보감』의 여러 문장을 읽고 생각하고 공책에 옮겨 쓰다 보면, 자신도 모르게 마음이 밝아져서 욕심으로부터 멀어지고, 자기중심주의로부터 자유로워질 수 있는 힘이 생긴다. 그렇게 되면 가족과 이웃을 좀 더 넉넉한 사랑으로 돌아볼 수 있게 된다. 이렇게 내 하나가 마음을 밝히면 가정이 밝아지고, 가정이 밝아지면 국가 사회가 밝아지게 된다.

둘째는 자연환경의 문제이다. 그동안 인간은 자신이 살기 위해 자연을 지나치게, 악착같이 이용해 왔다. '착취했다'고 말하는 편이 더 정직하겠다. '과학기술의 발전'이란 다른 말로 거대한 힘을 가진 기계를 이용하여 산과 강 바다를 쪼개고 자르고 뚫고 자연의 생명과 자

원을 착즙하는 기술의 발전이라고 해도 과언이 아니다. 과학기술을 발전시킨 학자의 의도는 그것이 아니지만, 결과적으로는 그렇게(자연파괴) 되고 말았다. '몰랐다'는 말로 면죄부를 받을 수 있는 사안도, 수준도 아니다. 인간의 편리를 위하여 냉장고, 에어콘, 자동차 등의 기계를 사용한 결과 여기에서 나오는 매연가스 등이 기후온난화, 나아가 열대화를 일으키며 지구의 생명선인 오존층을 파괴하고, 북극과 남극의 얼음이 녹아서 해수면 상승을 일으키며, 폭풍, 홍수, 지진 등이 빈번하게 발생하고 그 규모가 점점 커지고 있다. 이 모든 것이 꿈이나 SF 소설이 아니고, 바로 우리의 일로 현재 진행형으로 벌어지고 있다. 이 모든 것은 근대 인류 문명의 방향, 성장주의와 직결되어 있다. 이러한 때에 『명심보감』을 읽는 것은 작게는 내 한 몸과 한 마음을 지키는 공부가 되고, 크게는 인류 문명의 방향을 바꾸는 출발점이 될 것이라고 믿는다.

셋째는 삶에 여유가 생긴다. 마음이 밝아지고 자연환경을 고려하고 배려하는 사랑이 생기면, 세상을 넓고 깊고 멀리 이해하고, 그 넓이와 깊이와 거리만큼 내 삶이 여유로워진다. 삶에 여유가 생기면 인간의 역사에 대해서 관심이 생긴다. 조상들은 어떻게 살아 왔는가? 나는 어떻게 살아야 하는가? 결국은 하늘을 우러러 부끄러움이 없는 삶을 살아야 한다는 것을 알게 된다. 그래서 부끄러움 없는 삶을 살기 위해 매사에 자신을 돌아보는 습관을 가지게 된다. 이런 습관을 가지면 다른 사람에게 존경받는 어른이 된다. 이런 어른이 사회에 많아지면 우리 사회는 좀 더 안정된 공동체가 될 것이다.

『명심보감』은 동양 고전 중에서도 기초에 해당하는 책이다. 그래서 『명심보감』 공부는 그다음의 『논어(論語)』·『맹자(孟子)』·『대학(大學)』·『중용(中庸)』 등의 고전을 읽을 수 있는 지적이고 의지적인 힘을 길러 준다.

그럼에도 불구하고 왜 많은 사람들은 『명심보감』과 같은 고전을 잘 읽지 않을까? 아마도 재미가 없고 고리타분하다는 선입견 때문이 아닐까 한다. 지금 세상에는 자극적인 볼거리나 할 거리, 먹을거리들이 넘쳐난다. 그러나 대부분의 것들이 결국은 나를 소모시키는 결과를 낳는다. 고전, 특히 『명심보감』은 그렇지 않다. 처음 읽을 때는 힘들지만 점점 익숙해지고, 무엇보다 읽고 나면 삶에 대한 통찰력이 생긴다. 이 힘으로 한 번뿐인 인생을 지혜롭고 행복하고 아름답게 살았으면 하는 바람을 담아 이 책을 내놓는다.

2025년 8월

송봉구

차례

서문 —— 5

제1부 유교 수양법

1. 天報以福 천보이복 —— 하늘은 복으로 보답한다 / 17
2. 恩義廣施 은의광시 —— 은혜와 의로움은 널리 베풀어라 / 20
3. 順存逆亡 순존역망 —— 하늘의 뜻을 따르면 살고 거스르면 죽는다 / 22
4. 天寂無音 천적무음 —— 하늘은 고요하여 소리가 없다 / 25
5. 事親致敬 사친치경 —— 부모 섬김에 정성을 다하라 / 27
6. 孝親子孝 효친자효 —— 부모가 효도하면 자식도 따른다 / 30
7. 見惡尋惡 견악심악 —— 악을 보면 함께하지 마라 / 32
8. 道惡是師 도악시사 —— 악한 이는 반면교사다 / 35
9. 勤愼寶符 근신보부 —— 부지런하고 삼가면 복을 받는다 / 38
10. 定心應物 정심응물 —— 마음을 안정시켜서 세상 일에 응하라 / 40
11. 避色避讐 피색피수 —— 음욕은 원수를 피하듯이 피하라 / 42
12. 棄而勿治 기이물치 —— 쓸모없는 일은 간섭하지 마라 / 44
13. 衆好必察 중호필찰 —— 모두가 좋다해도 반드시 살펴라 / 46
14. 酒中不語 주중불어 —— 술자리에서는 말을 삼가라 / 49
15. 耳不聞非 이불문비 —— 귀로 남의 험담을 듣지 마라 / 52
16. 知足亦樂 지족역락 —— 만족할 줄 아는 것이 참된 즐거움이다 / 54
17. 馭心免過 어심면과 —— 마음을 다스려 허물을 피하라 / 57

18. 守之以愚 수지이우 ─ 우직함으로 총명함을 지켜라 / **59**
19. 防意如城 방의여성 ─ 뜻을 지키기를 성처럼 하라 / **61**
20. 心安茅穩 심안모온 ─ 마음이 편해야 집도 편하다 / **63**
21. 所思忠孝 소사충효 ─ 언제나 충과 효를 생각하라 / **65**
22. 恕人全交 서인전교 ─ 다른 사람을 용서해 우정을 완성하라 / **67**
23. 忍忿免憂 인분면우 ─ 화를 참으면 근심이 없게 된다 / **70**
24. 修身之美 수신지미 ─ 몸가짐을 아름답게 하라 / **72**
25. 凡事留情 범사유정 ─ 매사에 인정을 남겨라 / **74**
26. 切問近思 절문근사 ─ 부지런히 묻고 가까이서 생각하라 / **77**
27. 人學知道 인학지도 ─ 사람은 배워야 도를 안다 / **80**
28. 教子一經 교자일경 ─ 자식 교육은 한 가르침에서 시작한다 / **83**
29. 至樂讀書 지락독서 ─ 가장 큰 즐거움은 책 읽기다 / **86**
30. 內賢父兄 내현부형 ─ 어진 부모, 엄격한 스승과 친구가 있어야 한다 / **89**
31. 人子有教 인자유교 ─ 자식은 반드시 가르쳐야 한다 / **91**
32. 忠孝無窮 충효무궁 ─ 충과 효는 끝이 없다 / **93**
33. 言多語失 언다어실 ─ 말이 많으면 실수도 많다 / **95**
34. 人有所養 인유소양 ─ 사람은 길러야 쓸모 있다 / **97**
35. 心不可料 심불가료 ─ 마음은 헤아리기 어렵다 / **99**
36. 便見相離別 변견상이별 ─ 한쪽 말만 들으면 서로 멀어진다 / **102**
37. 有麝自然香 유사자연향 ─ 공력이 있으면 저절로 드러난다 / **105**
38. 交必擇友 교필택우 ─ 함께할 벗은 가려서 사귀어라 / **108**
39. 智小謀大 지소모대 ─ 작은 지혜로 큰일은 도모하면 화를 부른다 / **110**
40. 愼終如始 신종여시 ─ 처음처럼 끝까지 조심하고 신중하라 / **112**
41. 明智涉難 명지섭난 ─ 지혜는 어려움을 이기게 한다 / **114**
42. 爲政之要 위정지요 ─ 정치의 요체는 공평함과 청명함이다 / **117**
43. 朝夕視警 조석시경 ─ 아침저녁으로 스스로를 살피라 / **119**

44. 知所持身 지소지신 ― 몸가짐을 어떻게 해야 할지 알라 / **121**
45. 夷虜之道 이로지도 ― 오랑캐의 도리를 따르지 말라 / **124**
46. 居家有禮 거가유례 ― 집안에 거처할 때도 예의가 있다 / **127**
47. 無禮爲亂 무례위난 ― 예절이 없으면 어지러워진다 / **129**
48. 出門如見大賓 출문여견대빈 ― 문을 나설 때는 큰 손님을 뵙듯이 하라 / **131**
49. 利人之言 리인지언 ― 남을 이롭게 하는 말을 하라 / **133**
50. 好學同行 호학동행 ― 배우기를 좋아하는 이와 함께하라 / **135**
51. 君子之交 군자지교 ― 군자의 우정은 맑고 깊다 / **137**
52. 女有四德 여유사덕 ― 여인에게도 네 가지 덕이 있다 / **139**
53. 賢婦和親 현부화친 ― 어진 아내가 집안을 화목하게 한다 / **141**
54. 歲不我延 세불아연 ― 세월은 나를 기다려주지 않는다 / **144**
55. 及時勉勵 급시면려 ― 때를 놓치지 말고 힘써라 / **147**
56. 制性禮法 제성예법 ― 본성을 다스리려면 예로써 하라 / **150**
57. 明鏡察形 명경찰형 ― 거울이 맑아야 바로 살필 수 있다 / **153**

제2부 불교 수양법

58. 人間大丈夫 인간대장부 ― 참된 사람은 큰 기상을 가진다 / **157**
59. 我心虛空 아심허공 ― 마음을 비워야 하늘과 통한다 / **159**
60. 不經一事 불경일사 ― 일을 겪어야 지혜가 늘어난다 / **161**
61. 知少主人 지소주인 ― 대접할 줄 알아야 대접을 받는다 / **163**
62. 富住深山 부주심산 ― 깊은 산에 살아도 부유하면 찾아온다 / **166**
63. 反求諸己 반구저기 ― 잘못된 원인을 나에게서 찾아보라 / **169**

제3부 도가 수양법

64. 天神雷電 천신뢰전 — 하늘과 신은 모든 것을 듣고 본다 / **175**
65. 一日念善 일일념선 — 매일 좋은 일을 생각하고 실천하라 / **178**
66. 不作不成 부작불성 — 하지 않으면 이룰 수 없다 / **180**
67. 一日淸閑 일일청한 — 하루라도 맑고 한가로움에 머물러라 / **182**
68. 上安下順 상안하순 — 어리석음을 숭상해야 편안하고 순종한다 / **184**
69. 人滿則喪 인만즉상 — 사람이 교만하면 죽음을 자초한다 / **187**
70. 滅身之斧 멸신지부 — 구설은 몸을 망치는 도끼다 / **189**

제4부 동학 수양법

71. 行善禍遠 행선화원 — 선을 행하면 재앙은 멀어진다 / **195**
72. 食淡神爽 식담신상 — 담백하게 먹어야 정신이 맑다 / **197**
73. 滿損謙益 만손겸익 — 가득함은 해롭고 겸손은 이롭다 / **199**
74. 與人勿悔 여인물회 — 남에게 주었으면 후회하지 말라 / **201**
75. 責己改過 책기개과 — 자기를 꾸짖고 허물을 고치라 / **203**
76. 利重害深 리중해심 — 이익이 크면 해로움도 커진다 / **205**
77. 疑人莫用 의인막용 — 사람을 의심한다면 기용하지 마라 / **208**
78. 飢寒發心 기한발심 — 춥고 배고프면 진리를 추구하게 된다 / **210**
79. 以還百姓 이환백성 — 백성에게 되돌려 주라 / **213**
80. 難塞鼻下橫 난색비하횡 — 입 놀리는 것을 막기가 어렵다 / **216**
81. 士志於道 사지어도 — 선비는 도에 뜻을 두라 / **218**
82. 至察無徒 지찰무도 — 지나치게 따지면 친구가 없다 / **221**
83. 酒不醉人 주불취인 — 술은 취하지 않는다 사람이 취한다 / **223**

84. 人受諫聖 인수간성 ― 충고를 받아들이면 성인이 된다 / **226**
85. 立身有義 입신유의 ― 성공하는 출발점은 효도이다 / **229**
86. 家和萬事成 가화만사성 ― 가정이 화목해야 모든 일이 잘 된다 / **231**
87. 知心幾人 지심기인 ― 마음을 알아주는 이가 몇이나 될까 / **234**
88. 日久見人心 일구견인심 ― 세월이 지나야 사람 마음을 안다 / **237**

제5부 원불교 수양법

89. 萬事從寬 만사종관 ― 모든 일은 너그럽게 하라 / **243**
90. 聞善從喜 문선종희 ― 좋은 일을 들으면 기뻐하라 / **245**
91. 保生寡慾 보생과욕 ― 생명력을 지키려면 욕심을 적게 하라 / **247**
92. 妄動致禍 망동치화 ― 함부로 움직이면 화를 부른다 / **249**
93. 責人責己 책인책기 ― 남을 꾸짖는 마음으로 나를 꾸짖어라 / **251**
94. 愛子孫賢 애자손현 ― 자손이 어질게 되기를 바라고 행동하라 / **253**
95. 憐兒與棒 연아여봉 ― 아이를 사랑하거든 매를 들어라 / **255**
96. 人亦信之 인역신지 ― 내가 나를 믿어야 남도 나를 믿는다 / **258**
97. 福常自惜 복상자석 ― 복이 있더라도 아껴서 누려라 / **260**
98. 神仙不死方 신선불사방 ― 죽지 않는 방법이 있다 / **262**
99. 起家之本 기가지본 ― 글을 읽는 것이 집안을 일으키는 근본이다 / **265**

후기 ― 267

제1부

유교 수양법

　어짊과 의로움은 시대를 가로질러 사람됨의 첫머리를 지킨다. 이는 기계적 규율이 아니라, 마땅히 그러해야 한다는 자연스러운 감정의 소산이며, 본디 인간의 마음속에서 흘러나오는 덕의 원천이다. 부모를 향한 효심, 임금을 향한 충성, 형제를 향한 우애는 억지로 강요된 도리가 아니라, 마음속 깊은 곳에서 솟구치는 참됨의 표현이다.

　명심보감의 글귀들은 마치 오래된 거울처럼, 스스로를 비추는 데 인색하지 않다. 그 거울 앞에 서면 부끄러움은 고요히 피어나고, 부끄러움을 아는 것이 곧 배움의 시작이라는 것을 일러준다. 지금은 흐릿해진 옛사람들의 말이, 오히려 오늘의 우리에게 진실한 사람이 되는 길을 다시 보여준다. 겉을 꾸미기보다 속을 가다듬고, 남을 따지기보다 나를 경계하리는 이 조용한 가르침은, 여전히 유효한 빛이다.

1. 天報以福 천보이복

하늘은 복으로 보답한다

子曰 爲善者 天報之以福 爲不善者 天報之以禍
자왈 위선자 천보지이복 위불선자 천보지이화

공자께서 말씀하셨다; "착한 일을 하는 사람은 하늘이 복으로 갚아 주시고, 착하지 않은 일을 하는 사람은 하늘이 재앙으로써 갚아주신다."

착한 일을 하는 사람에게 하늘은 복을 주고, 나쁜 일을 하는 사람에게 하늘은 재앙을 준다는 말이다. 결국 나쁜 짓 하지 말고 착하게 살라는 뜻이다. 말은 쉽지만, 행하기는 어려운 가르침이다. 무엇보다 착하게 살면 복을 받고 악하게 살면 벌을 받는다는 말을 믿기가 쉽지 않다. 우리 주변에는 착하게 살았지만 어렵게 살아가는 사람이 너무도 많고, 그 반대의 경우도 비일비재하기 때문이다. 착하게 살다가 억울하게 돌아가거나 사고를 당하는 분은 그의 잘못 때문이 아니라, 천복을 천벌로 바꿔 버린 악한(惡漢) 때문에 그리 되는 것이다. 천벌을 받을 사람이 천복을 누리는 것 같은 일도, 실은 천벌을 유예하고 있는 것일 뿐, 긴 시간의 안목에서 보면 천벌을 피할 수 없다. 그 자손이나 그 주변사람들에게라도, 반드시 그 해가 미치기 마련이다.

우리는 때로는, 법을 어기는 일은 아니지만 좋지 않은 일도 하게 된다. 그렇게 되는 이유는 외부의 유혹에 쉽게 넘어가기 때문이다. 돈·권력·명예·이성 등이 유혹하면, 자신의 신념이나 옳음을 지키는 것이 쉽지 않음을 고백할 수밖에 없다. 그럴 때마다 자신의 신념의 미약함에 한없는 슬픔을 느낀다. 이런 슬픔을 맛보지 않으려면 자기 내면의 힘을 키워야 한다. 내면의 힘을 키우는 것을 '공부'(工夫)라고 한다.

공부의 종류는 여러 가지가 있다. 『명심보감』과 같은 좋은 책을 읽는 독서도 좋은 공부이고, 불교에서 마음을 닦는 참선법이나, 그것을 대중화한 명상도 공부다. 이런 공부는 단기간에 효과를 볼 수 있는 것이 아니다. 적어도 10년 이상은 꾸준히 해 나가야 한다. 그래서 대부분의 사람은 이런 공부에 도전하지 않는다. 효과가 눈에 잘 보이지 않기 때문이다.

언제 그 결실을 보게 될지 기다리는 마음조차 내려놓으며, 그저 매일 규칙적으로 차근차근 할 수밖에 없다. 공자는 그 효과를 마흔 살에 맛보았다. 열다섯 살에 배움에 뜻을 두어 20년 이상 공부를 계속해서 마침내 한 경지에 도달했는데 그것을 한마디로 '불혹'(不惑)이라고 하였다. 외부의 유혹에 넘어가지 않았다는 것이다. 보통사람은 이런 경지에조차 도달하기 쉽지 않다. 공자가 위대한 것은 여기에서 멈추지 않고 계속 더 높은 경지를 추구했다는 것이다. 그래서 예순 살에는 '이순'(耳順)의 경지에 도달했다. 이것은 '귀로 어떤 소리를 들어도 거슬리지 않고 순조롭게 들었다'는 것이다. 마음이 바다처럼 넓어지지 않으면 이런 경지에 도달하기 어렵다.

공자는 이순의 경지에도 머무르지 않고 다시 일흔 살에 '종심소욕불유구'(從心所慾不踰矩)의 경지에 도달했다. '내 마음이 하고 싶은 대로 행동을 해도 세상의 법도를 어기지 않았다'는 것이다. 마음에 욕심이 조금이라도 남아 있으면 도달할 수 없는 경지이다. 완전히 자신의 마음을 비워 순수한 마음이 충만하고 한결같을 때를 말한다고 할 수 있다.

공자가 말하는 하늘의 복이란 이러한 마음의 경지이다. 하늘이 주는 복과 재앙을 말하려면, 공자가 추구했던 이런 공부의 과정을 거쳐 보아야 한다. 오늘날 우리들은 노력도 하지 않고 입으로만 복을 달라고 하니 부끄러운 일이다.

2. 恩義廣施 은의광시
은혜와 의로움은 널리 베풀어라

景行錄曰 恩義 廣施 人生何處 不相逢 讐怨 莫結
경 행 록 왈 은 의 광 시 인 생 하 처 불 상 봉 수 원 막 결
路逢狹處 難回避
로 봉 협 처 난 회 피

『경행록』에 말하였다; "은혜와 의로움을 널리 베풀어라. 사람은 어느 곳에 살든 결국 서로 만나게 된다. 원수와 원한을 맺지 말라. 길이 좁은 곳에서 만나면 피하기 어렵다."

경주에 '최부잣집'이 있다. 조선 현종 때인 1671년 큰 흉년이 들어 굶어 죽는 사람이 늘자 최부잣집은 과감히 곳간을 열었다. 집 앞마당에 큰 솥을 걸고 굶주린 사람을 위해 연일 죽을 끓이도록 했는데, 지금도 죽을 쑤어 나눠주던 자리가 '활인당(活人堂)'이라는 이름으로 남아 있다. 이때 생긴 가훈이 "사방 100리 안에 굶어죽는 사람이 없게 하라"는 것이다. 또 최부잣집은 1년 소작료 수입이 1만 석을 넘지 않게 하였다. 수확량이 많을 때에는 소작료를 깎아주고, 논을 더 샀더라도 소작료가 1만 석을 넘지 않도록 소작료를 더 낮춰 받았다. 그래서 소작인들은 최부잣집이 땅을 사면 배 아파 하기는커녕 자기 일처럼 기뻐했다.

의로움을 널리 베푼 이야기라고 하면, 안중근 의사가 생각난다.

"견리사의(見利思義), 눈앞에 이익이 보이면 의로움을 먼저 생각하라"는 유명한 말씀(글) 덕분이겠다. 이 말은 『논어』에 나온다(見利思義 見危授命). 을사늑약으로 국운이 극도로 기울자 국가를 구하기 위해 자신의 재산을 팔아 삼흥학교를 세워 인재 양성을 했으며, 이것만으로는 국가를 위기에서 구할 수 없다는 것을 알고 100여 명의 의병을 이끌고 일본군과 전투를 벌였지만 패하고 말았다. 여기에 좌절하지 않고 거사를 도모하여, 1909년 10월 26일 조선 침략의 원흉 이토 히로부미를 하얼빈 역 플랫폼에서 사살하고, 감옥에 갇힌다. 안중근은 감옥에서도 『동양평화론』를 저술하고(미완), 많은 유묵(遺墨)을 남겼는데, 그중 일부는 보물로 지정되기도 했다. 특히 수감 시절 안 의사를 담당했던 일본인 간수 지바 도시치와의 인연은 우리로 하여금 많은 생각을 하게 한다.

일본인 간수가 사형 집행을 한다는 사실을 알리자 안 의사는 "다 읽지 못한 책이 있으니 시간을 달라"며 5분 동안 조용히 독서를 하고, 마지막 대화를 나눈다. 안 의사가 "그간 보여준 친절을 마음속 깊이 고맙게 생각하오. 동양에 다시 평화가 찾아와 두 나라 사이에 우호 관계가 회복될 때 다시 태어나 반갑게 만나기로 하세."라고 하였다. 간수는 다음과 같이 대답했다. "선생님 진심으로 용서를 빕니다. 죄송한 마음에 가슴이 저립니다. 앞으로 선한 일본 사람이 되도록 생을 바쳐 정진하겠습니다." 이후로 도시치와는 일본에 건너가 정말로 선하게 살았으며 집안에 불단을 만들고 안 의사의 위패와 유묵을 모시고 하루도 빠짐없이 절을 하며 살았다고 한다.

3. 順存逆亡 순존역망

하늘의 뜻을 따르면 살고 거스르면 죽는다

孟子曰 順天者 存 逆天者 亡
맹 자 왈 순 천 자 존 역 천 자 망

맹자가 말씀하였다. "하늘을 따르는 사람은 살고, 거스르는 사람은 죽는다."

맹자가 이 구절에서 하늘 개념을 제시한 이유는 사람은 죽음에 직면하면 두려움이 생기는데, 하늘의 이치를 알고, 하늘이 명령하는 대로 살면 죽음의 두려움을 이길 수 있다는 점을 말하고자 한 것이다. 과연 그러하다고 믿는다.

맹자에 있어서 하늘을 인식하는 경로는 마음이다. 맹자는 마음을 지극하게 수련하면 하늘을 만나고, 자기 것으로 만들 수 있다고 한다. 맹자가 '성인(大人)은 적자지심(赤子之心), 즉 하늘로부터 받은 마음을 잃지 않는 사람'이라고 한 말이 그것이다. 맹자가 말하는 '하늘로부터 받은 마음'은 측은지심 · 수오지심 · 사양지심 · 시비지심의 네 가지 마음이다. 어린아이가 기어가고 있는데 앞에 우물이 있다. 그런데 아이는 자기가 우물에 빠진다는 것을 모르고 있다. 이 장면을 목격한 사람은 누구나 어린이를 구하고자 하는 마음이 생기기 마련인데, 이것이 측은지심(惻隱之心), 인(仁)의 원천이다. 그리고 어떤 사람이라도 자신의 잘못이나 부끄러운 행동을 부끄러워하고, 타인의 악행을 미워하는 마음이 생기기 마련인데 이것이 수오지심(羞惡之心), 의(義)의 원천이다. 그리고 사람은 본성에서부터 다른 사람을 배려하고 겸손히 행동하려는 마음이 우러나오는데 이것이 사양지심(辭讓之心), 예(禮)의 원천이다. 끝으로 사람에게는 옳고 그름을 판단하고 분별하는 마음이 있는데 이것이 시비지심(是非之心), 지(智)의 원천이다.

맹자는 이러한 본래 자신의 내면에 있는 것은 분명하지만, 다만 본래 갖추어 있다는 것을 아는 것에서 그쳐서는 안 되고 이 마음을 넓히고 채워서 불이 처음 타는 것처럼, 물이 처음 나오는 것처럼 활발한 기운으로서 작용하도록 해야 한다고 말했다. 그 마음과 기운을 맹자는 '호연지기(浩然之氣)'라고 했고, 호연지기를 기르는 방법으로 4단계의 과정을 제시한다.

첫째는 호연지기를 기르는 수련을 열심히 해야 한다. 둘째는 효과를 너무 일찍 기대하지 말고 쉼 없이 정진해야 한다. 셋째는 수련하는 것을 포기해서도 안 되고 끝까지 나아가야 한다. 넷째는 억지로 효과를 보려고 조장해서도 안 된다. 맹자의 호연지기 양성 과정을 한마디로 하자면 억지로 하지 말고 꾸준히 정성을 들여야 한다는 것이다.

이런 수련을 통해서 호연지기로 가득 찬 삶을 살아가는 사람을 맹자는 '대장부'라고 했다. 대장부는 '관직에 나아가면 백성을 위해 살고, 그런 기회가 주어지지 않으면 홀로 수련하고, 그래서 부귀도 자신을 흔들 수 없고, 빈천도 자신을 굴복시킬 수 없는 사람'이라고 했다. 실제로 맹자는 전쟁이 한창이던 시대에 죽음을 무릅쓰고 여러 나라의 임금을 찾아다니면서 '백성이 국가의 근본'이며, 근본인 백성을 잘 살게 하기 위한 방법론으로 토지를 골고루 분배하는 '정전법(井田法)'도 제시했다. 그러나 당시의 왕들은 자신을 비롯한 권력자들의 부귀영화를 우선순위로 삼았기 있었기 때문에, 맹자의 시대를 앞서가는 철학을 받아들이지 못했다. 그렇지만 맹자는 실망하지 않고 인간이 가야 할 바른 길을 제시했고 끝내 동양 세계 전체를 지도하는 정치철학을 완성했다.

4. 天寂無音 천적무음
하늘은 고요하여 소리가 없다

康節邵先生曰 天廳 寂無音 蒼蒼何處尋 非高亦非遠
강 절 소 선 생 왈 천 청 적 무 음 창 창 하 처 심 비 고 역 비 원
都只在人心
도 지 재 인 심

소강절 선생이 말씀하셨다. "하늘의 들음은 고요하여 소리가 없으니 푸르고 푸른 (하늘) 어느 곳에서 찾을 것인가? 높지도 않고 멀리 있지도 않다. 다만 사람의 마음속에 있느니라."

중국 북송의 학자 소강절(邵康節, 1011-1077)은 "하늘은 어떤 소리를 들어도 고요하여 반응을 확인할 수 없으므로 그 존재 자체가 없는 것 같지만, 하늘은 푸르고 푸른 저 높은 곳이 아니라 사람의 마음속에 있어서, 그 감응을 확인할 수 있다."고 하였다. 선생은 사물을 있는 그대로 보기 위해 독특한 철학을 전개한다. 그것이 '이물관물(以物觀物)'이다. 즉 '사물로써 사물을 관찰하는' 것이다.

사물은 각자 하늘로부터 받은 이치가 있다. 배는 물 위를 가고, 차는 도로 위를 간다. 만약 이를 어기고 배를 길에 두거나 차를 물 위에 두면 쓸 수 없다. 하늘로부터 품부 받은 이치를 어긴 것이다.

사람에게 있는 하늘의 이치는 '본성(本性)'이라고 한다. 구체적으

로는 '인·의·예·지'이다. 인(仁)은 생명을 살리려는 마음, 의(義)는 정의롭게 행하지 못하면 생기는 부끄러운 마음, 예(禮)는 겸양하고 양보하는 마음, 지(智)는 옳고 그름을 판단하는 마음이다. 이런 마음을 가지고 만물과 인간을 관찰하는 것이 '이물관물'이다. 이는 그 마음으로 사물을 있는 그대로 본다는 것이다. 그런데 만약 본래의 마음, 즉 인의예지의 상태가 아니고 욕심에 가려져 마음으로 사물이나 인간을 보고 판단하면 올바른 관조와 판단을 할 수 없다. 그렇게 되면 만물이나 인간은 자신의 능력을 발휘할 수 없다.

소강절 선생은 인간이 다른 만물보다 더 나은 존재라고 하는 이유는 욕심을 인의예지의 마음으로 회복할 수 있기 때문이라고 하였다. 그 능력을 기르고 발휘하고자 하는 공부가 바로 수양이다. 선생은 밤에도 잠을 자지 않고 마음을 닦고 양성하는 데 많은 시간을 보냈다.

그러므로 선생이 문 밖을 나서면 사람들이 서로 자기 집으로 초대하여 선생의 이야기를 들으려고 하였다. 선생은 신분의 귀하고 천함을 가리지 않고 사람을 상대했기 때문에, 모든 사람이 그의 인격을 흠모하여 혹 나쁜 짓을 하는 사람이 있으면 '강절 선생이 알까 두렵다'고 했다고 한다.

선생이 돌아가시고 정호(程顥, 1032-1085) 선생이 묘비명에, "선생의 도(道)는 편안하였으며 또한 학문을 완성했다"고 썼다. 사후(死後)에는 공자를 모신 묘(廟)에 종사 되고, 명나라 세종 때는 '선유소자(先儒邵子)'라고 불렸으니 선비로서 이보다 더 큰 영광은 없을 것이다.

5. 事親致敬 사친치경
부모 섬김에 정성을 다하라

子曰 孝子之事親也 居則致其敬 養則致其樂
자왈 효자지사친야 거즉치기경 양즉치기락
病則致其憂 喪則致其哀 祭則致其嚴
병즉치기우 상즉치기애 제즉치기엄

공자가 말씀하셨다. "효자는 부모님을 섬길 때, 집에 계실 때는 공경을 다하고, 봉양할 때는 즐거움을 다하고, 병이 드시면 근심을 다하고, 초상엔 슬픔을 다하고, 제사를 지낼 때는 엄숙함을 다한다."

부모님을 모시는 자식들의 도리를 말하고 있다. 먼저 집에 계실 때 공경을 다하라는 것은 부모님의 뜻을 알고 그에 따르는 것이다. 중국 북송 시대의 사마온공(司馬溫公, 1019-1086)은 부모가 명하면 종이에 그것을 기록하여 제대로 실천했는지 살펴보았고, 꼭 부모님께 그 결과를 아뢰었다. 부모님이 명하신 것이 실천할 수 없는 것이면, 얼굴빛을 온화하게 하고 목소리를 부드럽게 하여 옳고 그름과 이익과 손해를 계산하여 말씀드렸다. 그래도 부모님이 하라고 하면, 큰 손해가 없는 것이면 행동으로 옮겼다.

둘째, 봉양할 때 즐거움을 다하라는 것은 부모님을 섬길 때 즐거운 마음으로 정성을 들이라는 뜻이다. 중국 북송의 선비 장횡거가 좋은 사례를 보여준다. 장횡거(橫渠, 張載, 1020-1077) 선생은 부모님을 잘 봉양하는 것은 물론 부모님의 친구들에도 음식을 마련하여 대접하여 부모님을 기쁘게 해드리고, 집에 돈이 없더라도 부모님이 이런 사정을 알게 되지 않도록 하였다.

셋째, 부모님이 병이 드시면 근심을 다하는 것은, 사람이 태어나면 반드시 늙고 병들기 마련이지만, 이를 불가피한 것으로 치부하지 않고 최선을 다하여 돌보아 드려야 한다는 것이다. 공자가 가장 존경했던 주공(周公)의 아버지 문왕이 병이 들자 그 아들 무왕(武王, 주공의 형)은 관과 띠를 벗지 않고 간호를 하였는데, 문왕이 한번 밥을 드시면 자신도 한번 밥을 먹었고, 두 번 잡수시면 자신도 두 번 먹었다고 한다. 그만큼 가까이서 아버지를 간호한 것이다. 제왕이라면 다른 사람에게 시켜도 되는데 직접 시행한 것이 이후 모범적인 효의 사례로 회자되었다.

넷째, 돌아가시면 슬픔을 다하는 것은 장례를 치를 때 슬픔을 다한다는 것이다. 중국 중세기에 하자평(何子平)은 어머니가 돌아가시자 벼슬을 버리고 상을 치르는 동안 슬퍼하여 늘 울어서 기절하다가 깨어나곤 하였다. 겨울에는 따뜻한 옷을 입지 않았고, 여름에는 시원한 곳을 찾지 않았다. 하루에 쌀 몇 홉으로 죽을 만들어 먹었고, 소금이나 채소도 밥상에 올려놓지 않았다.

마지막으로 제사를 지낼 때 엄숙함을 다하는 것은 제삿날에 조상님과 부모님을 만난다는 믿음으로 그분들의 마음을 편안케 하는 것이다. 부모(조상)님에게 후손이 화목하게 사는 모습을 보여주고, 자

첫 형제들끼리 다투거나 해이해진 모습을 보여주어서는 안 된다는 것이다. 그러므로 제사가 끝날 때까지 긴장의 끈을 놓지 말아야 한다. 중국의 순 임금은 일찍이 "효자(孝子)는 애일(愛日)한다"고 하였다. 이는 '효자는 부모 섬기는 시간을 아낀다'는 의미이다. 부모님을 섬길 수 있는 시간이 얼마 남지 않았으니 시간을 아껴 부모님을 봉양하라는 것이다.

필자의 어머니는 연세가 팔십이 넘었다. 고향에 가서 어머님을 뵐 때마다 어머님의 기력이 옛날 같지 않다는 것을 눈으로, 마주잡는 손으로, 말씀으로 날날이 느낀다. '애일'의 교훈이 가슴깊이 새겨지는 날들이다.

6. 孝親子孝 효친자효
부모가 효도하면 자식도 따른다

太公曰 孝於親 子亦孝之 身旣不孝 子何孝焉
태공왈 효어친 자역효지 신기불효 자하효언

태공이 말하였다. "부모님에게 효도하면 자식이 또한 효도하니, 자신이 이미 효도하지 않는데 자식이 어떻게 효도하겠는가?"

태공(姜太公, 呂尙)은 일찍이 때를 만나지 못해서 불우하게 지내다가 여든 살이 되어 위수(渭水) 가에서 낚시를 하고 있는데, 그때 태공의 사람됨을 알아본 사람이 주나라 문왕(周文王, B.C. 1152-1056)이다. 문왕이 "무엇을 하고 있습니까?" 하고 묻자 태공이 "세월을 낚고 있다"고 한 말이 유명하다. 세월을 낚는 것이 아니라 자신을 알아주는 현인을 기다리고 있다는 뜻을 그렇게 표현한 것이다.

문왕이 태공에게 "어떻게 사람들의 마음을 얻으면 천하가 돌아와 복종합니까?"라고 묻자 "천하는 한 사람의 천하가 아니며 온 백성들의 천하입니다. 천하의 이익을 함께하는 자는 천하를 얻고, 천하의 이익을 독차지하려는 자는 천하를 잃습니다."라고 답하였다. 문왕은 태공의 말을 잘 지켜 이익을 혼자 차지하지 않고 공평하게 나누는 정치를 하여 천하의 3분의 2를 소유하게 되었다.

문왕은 자신의 욕망을 다스릴 줄 아는 사람이었다. 이것은 겉으로 꾸며내서 되는 일이 아니다. 문왕이 아버지를 섬기는 법을 보면 그의 인품을 잘 알 수 있다. 문왕은 아버지 왕계(王季)를 섬길 때, 하루에 세 번 꼭 문안 인사를 드렸다. 그때마다 아버지가 조금이라도 불편한 기색이 보이면 자신이 직접 음식과 집안 상태를 점검하고 봉양했다. 문왕이 죽자 아들 무왕도 태공을 모시고 상(商) 나라를 쳐서 이기고 주나라를 건국하였다. 무왕은 태공의 공을 기려 제(齊) 땅에 봉해 춘추시대 강국 제나라의 창시자가 되게 한다. 태공이 제나라에 부임한 후 불과 5개월 만에 정사(政事)를 무왕의 아우 주공(周公)에게 보고하니, 주공이 나라를 안정시키는 것이 어떻게 이렇게 빠를 수 있는지를 질문하였다. 태공은 다음과 같이 대답했다; "군신의 예를 간소하게 하고 그 고장 풍속에 따라 모든 백성이 알기 쉬운 정치를 하였습니다. 그래서 이렇게 빨리 보고를 드릴 수 있게 되었습니다." (증선지 지음, 『십팔사략』)

태공으로서는, 문왕과 무왕이 자신의 아버지를 정성껏 섬기는 것을 보고 저런 사람은 결코 사람을 배신하지는 않을 것이라는 믿음이 생겼을 것이다. 그래서 태공은 자신이 가진 모든 지혜를 동원하여 문왕과 무왕을 도와 주나라를 세우는 데 도움을 주었다.

태공의 철학을 '존현상공(尊賢上功)'이라 한다. 현명한 사람을 존중하고, 공로가 있는 사람을 높게 대접한다는 말이다. 이런 철학이 있었기에 때를 기다릴 줄 알았고, 때가 오자 과감하게 실천하여 단기간에 성과를 낼 수 있었다.

7. 見惡尋惡 견악심악

악을 보면 함께하지 마라

性理書云 見人之善 而尋己之善 見人之惡
성 리 서 운　견 인 지 선　이 심 기 지 선　견 인 지 악
而尋己之惡 如此方是有益
이 심 기 지 악　여 차 방 시 유 익

『성리서』에서 말하였다. "남의 좋은 점을 보았으면 자신의 좋은 점을 찾아보고, 남의 나쁜 점을 보았으면 자신의 나쁜 점을 찾아본다. 이와 같이 해야 유익함이 있다."

'성리서'란 중국 북송의 학자 주렴계·장횡거·정명도·정이천·소강절 등의 철학을 남송의 주희(1130-1200)가 종합한 새로운 유학(新儒學), 즉 성리학 서적들이다. 『주자어류』, 『주자서절요』, 『주자문록』 등이 여기에 속한다. 주자가 집대성하였으므로, 성리학은 주자학이라고도 한다. 성리학의 주된 관심은 자신의 본성(本性)을 찾아 완전한 인간, 즉 군자가 되는 것이었다.

성리서에서는 본성을 찾는 방법으로 거경궁리(居敬窮理)를 제시했다. 거경은 '경에 머물러 있다'는 의미이다. 경은 늘 깨어 있으며 몸가짐을 조심하여 덕을 닦는 것을 말한다. 그러므로 '거경'은 항상 마음을 바르게 하고 삼가는 것이다. 두 번째 '궁리'는 '이치를 연구한다'

는 뜻이다. 이치는 만물의 원리(原理) 혹은 도리(道理)를 말한다. 둘을 합치면 마음이 깨어 있는 상태에서 만물의 이치를 잘 헤아려 삶을 이치대로 살아가는 군자의 삶을 지향하는 태도이다. 그러므로 성리학자들에서 중요한 것은 대상이나 상대의 잘잘못을 비평하는 것이 아니고, 그들이 보여주는 잘잘못을 있는 그대로 보아서, 혹시 나는 그런 점이 없는지 살펴보는 성찰의 태도이다. 다른 사람(대상)의 좋은 점은 자신에게도 잘 드러나도록 길러 나가고, 자기에게도 있는 잘못은 없애 나가는 것이 공부의 목표였다.

송니리 선비 범질이라는 분이 있었다. 재상이 되자 조카가 찾아와 자신의 벼슬을 올려주기를 요구하였다. 보통 사람 같으면 권력의 힘으로 청을 들어주었겠지만, 범질은 조카에게 글을 적어주면서 자신의 노력을 통해 거듭 성장하기를 재촉한다. 조카에게 알려준 몇 가지를 소개하면 다음과 같다.

하나는 너에게 녹봉(급여)을 얻는 방법을 알려주니, 진리를 찾기 위해 공부를 열심히 하고, 기술 연마도 열심히 하라. 남이 알아주지 않음을 근심하지 말고, 오직 배움이 지극하지 못함을 근심하라.

둘, 부끄러움을 멀리하는 방법을 말하니, 자신을 낮추고 남을 높이며, 상대방을 먼저하고 자기를 뒤로하면 된다.

셋, 술을 즐기지 말라. 술은 미치게 하는 약이요, 아름다운 맛이 아니다. 조심하고 돈후한 성품을 가진 사람을 음흉한 사람이 되게 한다.

넷, 말을 많이 하는 것을 조심해라. 상대방을 옳다 그르다 하며 헐뜯고 칭찬하는 사이에 너의 몸에 좋지 않은 습관이 밴다.

마지막으로 사물은 성하면 반드시 쇠하고, 융성함이 있으면 다시 폐함이 있으니, 빨리 이루면 견고하지 못하고, 빨리 달리면 넘어짐이 많다. 활짝 핀 정원 안의 꽃은 일찍 피지만 도리어 먼저 시들고, 더디게 자라는 시냇가의 소나무는 울창하게 늦도록 푸름을 머금는다. 하늘이 너에게 준 운명에는 빠르고 늦음이 있으니, 조급하게 이루려고 하지 말라. (『소학』「가언」)

당장 벼슬을 올려주지 않는 숙부를 조카는 원망했겠지만, 세월이 흐르고 나서 삶을 돌아보면 이보다 더 큰 선물은 없을 것이다.
소강절 선생은 자손들에게 다음과 같은 가르침을 남겼다.

눈으로는 예에 어긋나는 색을 보지 않으며, 귀로는 예에 어긋나는 소리를 듣지 않으며, 입으로는 예에 어긋나는 말을 하지 않으며, 발로는 예에 어긋나는 곳을 밟지 않으며, 사람은 좋은 사람과 사귀며, 물건은 의로운 것이 아니면 취하지 않으며, 어진 사람 가까이 하기를 난초에 나아가듯이 하며, 악한 사람 피하기를 뱀과 전갈을 피하듯 하라. (『소학』「가언」)

얼핏 너무나 평범한 이야기 같지만, 선생님들의 말씀처럼 살고 있는지 자신을 돌아보면 하늘을 우러러 부끄러운 것이 너무 많다. 부끄러움은 속에서 삭이면 되지만, 그 가르침을 어긴 삶은 내 몸(삶)을 망치고 세상에 해를 끼치니 삼가고 삼갈 일이다.

8. 道惡是師 도악시사
악한 이는 반면교사다

道吾善者 是吾賊 道吾惡者 是吾師
도오선자 시오적 도오악자 시오사

나의 좋은 점을 말하는 사람은 나를 해치는 사람(도둑)이고, 나의 나쁜 점을 말하는 사람이 나의 스승이다.

일반적으로 나의 단점, 즉 나쁜 습관이나 부족한 점을 지적하면 우리는 듣기 싫어한다. 그래서 그런 사람과는 어울리지 않으려고 한다. 반대로 나의 좋은 점을 말해주는 사람에게는 호의를 표하고 자주 만나고 싶어진다.

그러나 사람은 좋은 점만 있을 수 없다. 반드시 고쳐야 할 점이 있을 것이다. 그러므로 당장 듣기가 거북하더라도 내 앞에서 나의 부족한 점, 잘못된 것을 말해주는 사람이 있다면 그 말을 듣기 싫어할 것이 아니라 잘 들어서 나를 고쳐 나가는 사람이 현명한 사람이다. 이렇게 하기란 쉬운 일이 아니다. 인간관계 중에서 가장 숨김없이 상대방의 결점을 말해주는 사람은 부모와 막역한 친구이다.

퇴계 이황 선생은 아들의 선물을 받고 편지를 보내면서 "보내준 여러 가지 물건은 받았다. 벼슬은 원래 맑고 차가운 것이다. 비록 봉급

생활의 여유가 좀 있기로서니 얼마 안 될 것인데 이제 물건을 사서 보내니 내 마음이 편안하지 않다. 대개 조그마한 음식 같은 것이라면 무방하지만, 만약 억지로 힘써 과한 것이라면, 깨끗한 마음으로 복무하여야 할 관리로서는 잘못이다. 이것이 습관이 되면 뒷날에 수습하기 어렵게 될까 걱정"이라고 하였다. (정순목 지음,『퇴계 평전』)

아들이 벼슬을 하여 받은 급여로 좋은 선물을 보내주면 부모로서 기뻐할 일인데 퇴계 선생은 도리어 자식의 앞날을 걱정하고 있다. 인생의 선배로서 자식의 앞길을 걱정하는 그 마음 절실하게 다가온다.

퇴계 선생과는 달리 장점과 단점을 함께 말하여 상대방에게 깨우침을 주는 방법도 있다. 그 좋은 사례를 공자(孔子)의 경우에서 볼 수 있다. 공자는 제자를 가르칠 때 먼저 제자의 장점을 말해주어 격려와 용기를 준 다음에, 여기에서 그치지 않고 제자의 단점을 말해주어 아직 남은 공부가 있다는 것을 알려준다. 자로(子路)를 가르칠 때도 그렇게 했다. 공자는 다음과 같이 말씀하셨다.

"(중화 땅에) 도가 행해지지 않는다. 뗏목을 타고서 바다를 항해하여 동쪽 나라로 떠나려 하노니, 나를 따를 사람은 아마도 자로일 것이다." 자로가 이 말을 듣고 기뻐하자, 공자는 말씀하셨다. "자로는 용맹을 좋아함이 나보다 나으나 사물의 이치를 헤아려 알맞게 하는 것이 없다."
(『논어』「공야장」)

자로는 공자의 제자 중에 가장 용맹한 사람이다. 그래서 뗏목을 타고 바다를 건너는 위험한 일에 당연히 자로가 으뜸이라고 꼽았다. 그러나 여기에서 그치지 않고, 공자는 일침을 가하기를 잊지 않았다. 보통 힘이 강한 사람은 지혜가 부족한 경향이 있다. 그래서 공자는 자로의 부족한 점을 보충해 주기 위해서 뒷부분에 사물의 이치를 차분히 헤아리는 습관을 키우라는 충고를 덧붙이고 있다. 제자를 사랑하는 따뜻한 공자의 마음을 엿볼 수 있다.

9. 勤愼寶符 근신보부

부지런하고 삼가면 복을 받는다

太公曰 勤爲無價之寶 愼是護身之符
태 공 왈 근 위 무 가 지 보 신 시 호 신 지 부

태공이 말하였다. "부지런함은 가격이 없는 보배요, 삼감은 몸을 지켜주는 부적이다."

조선의 학자 유성룡(柳成龍, 1542-1607) 선생은 일찍이 자제들에게 부지런히 공부하라고 하면서 다음과 같은 편지를 보냈다.

산사는 조용하고 한가하니 책 읽기에 마음 편하겠구나. 일찍이 퇴계 선생이 손자에게 준 시에서 '소년 시절 산사의 즐거움 가장 아끼나니, 푸른 창 깊은 곳에 등불 하나 밝았구나. 평생에 허다한 그 모든 사업들이, 이 등불 하나에서 발원하여 나온다네'라 한 것을 아꼈었다. 너희가 이를 본받기를 깊이 바란다.(유성룡 지음, 『서애집』)

유성룡은 자제들에게 퇴계 선생의 시를 소개하면서 선생이 높은 경지에 이를 수 있었던 것은 바로 소년 시절 산사 등불 아래에서 부지런히 책을 읽었기 때문이라고 한다. 퇴계 선생의 학문은 높고 깊어서 무엇인가 특별한 방법이 있을 줄 알았는데, 어린 시절 하나의 습관에서 비롯되었다고 하니 평범하면서도 신선하다. '부적'은 재앙을 물리치기 위하여 붉은색으로 글씨를 쓰거나 그림을 그려 몸에 지니거나 집에 붙이는 종이를 말한다. 지금도 부적의 효용을 믿는 사람은 무당에게 많은 돈을 주고 부적을 받아 몸에 지니곤 한다.

태공은 역시 남다른 철학을 가지고 있다. 그런 종이가 아니라 삼가는 태도가 지켜준다고 한다. 조선의 학자들은 삼감을 항상 유지하는 방법으로 '주일무적(主一無適)'을 중시하였다. '주일무적'은 하나에 집중하여 다른 곳에 주의를 뺏기지 않는 것이다. 이렇게 하면 늘 마음이 깨어 있게 되어 어떤 일이 생기더라도 경솔하게 반응하지 않고 신중하게 일처리를 하여 재앙을 막을 수 있다.

문제는 하나에 집중하는 것이 쉽지 않다는 점이다. 그래서 남명 조식 선생(南冥 曺植, 1501-1572)은 몸에 방울을 차고 다니면서 방울 소리에 집중하여 늘 깨어 있도록 하고자 했고, 성철 스님(1912-1993)은 자신을 찾아오는 사람들에게 3000배 절을 하게 했다. 두 분의 방법은 달랐지만 그 목적은 같다. 하나에 집중하여 마음을 늘 깨어 있게 하여 실수를 하지 않게 하는 것이다. 그래서 조식 선생은 마음이 늘 깨어 있어서 당시 임금이나 조정의 관료들에게 올바른 정치를 하라고 과감하게 말할 수 있었고, 성철 스님 역시 불교의 최고 자리인 종정에 있었기에 보통 사람 같으면 수많은 욕심들이 일어났을 것인데 일절 관여를 하지 않았다. 이런 일이 가능했던 것은 하나에 집중하여 다른 곳에 관심을 주지 않았기 때문이다.

10. 定心應物 정심응물
마음을 안정시켜서 세상 일에 응하라

定心應物 雖不讀書 可以爲有德君子
정 심 응 물 수 불 독 서 가 이 위 유 덕 군 자

마음을 안정시켜 사물을 만나면 비록 책을 읽지 않아도 덕을 가진 군자가 될 수 있다.

군자가 되기 위한 공부에서 독서는 중요한 자리를 차지한다. 특히 유학에서 선비들이 필수적으로 해야 할 일이 독서였다.

퇴계 선생은 독서의 방법 중에서 숙독(熟讀: 뜻을 생각하며 자세히 읽는 것)을 강조하셨다; "독서하는 방법으로 가장 좋은 것은 숙독이다. 글을 읽는 사람이 비록 글의 뜻은 알고 있으나 곧 잊어버리게 되는 까닭은 숙독하지 않았기 때문이다. 그리고 독서는 조용히 앉아 마음을 편안히 맑게 해서 하늘의 이치를 몸소 알아낸다는 자세가 중요하다. 그리하여 더욱 중요한 일은 반드시 성현의 말과 행실을 본받아 조용히 찾고 가만히 익힌 다음에, 학문으로 나가는 공적이 길러질 수 있을 것이다(정순목 지음, 『퇴계 평전』)."

위 글에서는 정심(靜心)과 독서(讀書)를 분리하여 설명하고 있지만 퇴계 선생의 글을 보면 독서와 정심이 두 가지 일이 아님을 알 수 있다. 독서를 할 때 정심이 되어 있지 않으면 책을 읽어도 책의 내용을 곧 잊어버린다고 하였다. 그러므로 무슨 일을 하더라도 정심 즉 마음을 편안하게 유지하는 것이 중요한 일이라는 것을 알 수 있다. 조선의 유학자 지봉 이수광 선생은 마음을 편안하게 유지하는 방법으로 정좌(靜坐:조용히 앉는 것)와 호흡법을 중요하게 언급하면서 다음과 같이 말했다; "양생술의 서적에 '마음이 고요하면 호흡이 저절로 조절되고, 고요함이 오래되면 호흡이 저절로 안정된다.'라고 하였으며, 또 '마음은 호흡을 주로 하고 호흡은 마음에 의지한다.' 하였다. 나는 정좌를 하면서 호흡을 조절하는 것은 수양법에서 실로 주경(主敬:경을 주장하는 것) 공부에 관계된 것이라고 생각한다. 그러므로 정자, 주자 같은 선생이 모두 이를 취한 것이다. 그러니 우리의 도(道)가 아니라고 도외시한 것은 마땅치 않다(최석기 지음, 『조선 선비의 마음공부, 정좌』)."

이수광 선생은 마음을 편안하게 하기 위해서 정좌, 즉 조용하게 앉아서 호흡을 주로 했다. 호흡은 주로 도가(道家) 계열에서 중요하게 취급했기 때문에 '우리의 도', 즉 유학의 도가 아니라고 한 것이다. 그러나 선생은 정자와 주자도 호흡법을 사용하여 마음을 안정시켰기 때문에 비록 도가 계열에서 중시하는 방법이긴 하지만 굳이 멀리할 필요가 없다고 한 것이다. 호흡을 통해서 마음을 안정시키면 되는 것이지, 호흡의 방법이 어디서 왔는지, 누가 그것을 주로 하는지는 중요하지 않다는 것이다.

옛 선비들은 일상생활에서 조용히 앉아서 자신의 내면을 돌아보는 수련을 통해서 덕을 쌓은 군자가 되어 세상을 멋지게 경영했다.

11. 避色避讐 피색피수

음욕은 원수를 피하듯이 피하라

夷堅志云 避色 如避讐 避風 如避箭 莫喫空心茶
이 견 지 운 피 색 여 피 수 피 풍 여 피 전 막 끽 공 심 다
少食中夜飯
소 식 중 야 반

『이견지』에서 말하였다. "색을 피하기를 원수를 피하듯이 하고, 바람을 피하기를 화살을 피하듯 하라. 빈속에 차를 마시지 말고, 밤중에 밥을 적게 먹어라."

『이견지』는 송나라 때 홍매가 엮은 설화집이다. 송나라 초기부터 그의 생존 당시까지 민간에서 일어난 이상한 사건이나 괴담을 모은 책으로, 당시의 사회, 풍속 따위의 자료가 풍부하다. 모두 420권이던 것이 흩어지고 없어져서 오늘날은 약 절반만 남아 있다.

색(色)은 이성, 돈, 권력 등 사람들의 욕심을 일으키는 대상들이다. 다만 여기에 너무 집착하면 사람들이 원하는 삶의 목표를 이룰 수 없다. 그래서 원수 피하듯 피하라고 했다. 바람(風)은 흔히 중풍(中風)이라고 하는데, 뇌의 혈관이 막히거나 혈관이 터지는 질환이다. 몸에 피가 원활하게 공급되지 못해서 발병하는데 빨리 치료하지 못하면 회복이 불가능하다. 그래서 화살 피하듯이 빨리 피하라고 한 것이다. 빈속에 차를 마시면 위액 분비가 억제되어 소화불량 속 쓰림 등

이 발생한다. 그래서 마시지 말라고 한 것이다. 한밤중에 배가 고파 라면을 끓여 먹는 일이 가끔 있는데 잠도 제대로 못 자고, 다음날도 소화가 안 되어 하루 종일 힘들게 보낸 경험이 있다. 그래서 밤중에는 적게 먹든지 안 먹는 게 몸에 좋다.

『이견지』에서 말하는 것을 그대로 지키면 몸이 건강하게 유지된다. 몸이 건강하면 책을 많이 읽어서 정신을 늘 깨어 있게 해야 한다. 그래서 옛 선비들은 하루를 절반으로 쪼개어 절반은 독서(讀書)하고, 절반은 정좌(靜坐)하라고 하였다. 독서는 문학, 역사, 철학 등의 책을 읽는 것이고, 정좌는 조용히 앉아서 자신의 내면을 돌아보는 공부 방법이다. 오전에 읽은 책의 내용 중에서 이해가 덜 된 것을 다시 생각해도 좋고, 아니면 어떤 주제에 몰두해서 다른 생각이 자신을 괴롭히지 못하게 한다. 이렇게 하면 어떤 효과가 있을까? 맹자는 대장부의 삶을 산다고 했고, 다석 류영모(1890-1981) 선생은 진리를 깨우칠 수 있다고 했다. 두 분이 강조한 삶의 내용을 구체적으로 살펴보자.

맹자는 대장부가 되면 "인·의·예·지를 실천하여 (벼슬을) 얻으면 백성과 더불어 인의예지를 실천하고, 얻지 못하면 홀로 진리를 실천하여 부귀도 마음을 방탕하게 하지 못하며, 빈천도 지조를 바꾸게 하지 못하며, 권력과 무력도 뜻을 굽히게 하지 못한다."고 하였다.

12. 棄而勿治 기이물치
쓸모없는 일은 간섭하지 마라

荀子曰 無用之辯 不急之察 棄而勿治
순 자 왈   무 용 지 변   불 급 지 찰   기 이 물 치

순자가 말하였다. "쓸모없는 변론과 급하지 않은 관찰은 버려두고 다스리지 말라."

순자는 중국 전국시대에 활약한 사상가이다. 순자에 대해 우리가 익히 알고 있는 것이 그가 성악설(性惡說)을 주장했다는 것이다. 인간의 성품은 본래 악(惡)하다는 것이다. 그러면 이렇게 악한 본성을 어떻게 해야 하는가? 선(善)하게 변화시켜야 한다. 그 과정을 순자는 '화성기위(化性起僞)'라고 한다. 즉 악한 본성을 변화시키려면 인위적인 교육을 해야 한다는 것이다. 그래서 순자는 하늘에 기대기보다는 인간의 노력으로 세상을 변화시키는 적극적인 이야기를 많이 한다.

위에서 말한 내용도 순자의 '천론(天論)'에 나온다. 순자는 "하늘에서 별이 떨어지거나, 사당이나 궁전에 나무가 소리를 내면 사람들은 모두 두려워하여 '이것은 도대체 무슨 징조인가?'라고 말한다."라고 전제하고, "이것은 아무런 징조도 아니다. 이것은 천지의 항상성의 혼란, 음양의 교접(交接: 서로 닿아 접촉함) 등에 따라 드물게 일어나는

현상이다. 이것을 이상하게 느끼는 것은 좋으나, 이것을 무서워하는 것은 잘못이다."라고 하였다. 자연의 기이한 현상을 두고 토론하는 것을 쓸모없는 변론이라고 하면서 "인간이 일으키는 기괴(奇怪)한 현상에 대해서 탐구하는 것"이 더 중요하다고 했다. 인간이 일으키는 기괴한 것은 "경작을 게을리 하여 곡물을 버리게 하고, 제초를 잘못하여 수확을 망치고, 나쁜 정치에 의하여 백성의 마음을 잃고, 밭은 황폐해져 결실은 나쁘고, 곡물의 값은 비싸서 백성은 굶주림에 빠지고, 거리에는 굶어죽은 사람의 시체가 흩어져 있는 것"이라 했다.

그러면 어떻게 치밀하게 관찰하여 탐구할 것인가? 순자는 관찰하고 탐구를 담당하는 주체인 마음의 기능에 모든 것을 맡긴다. 마음에는 세 가지 기능이 있다. 허(虛: 텅빔)・일(壹:한결같음)・정(靜: 고요함)이다. 마음은 복잡할 것 같지만 텅 비우는 능력이 있고, 또 텅 비워 하나에 집중할 수 있기 때문에 고요할 수 있다. 이렇게 얻은 능력을 순자는 '대청명(大淸明)'이라 했다. 크게 맑고 밝은 마음은 세상의 이치를 모르는 것이 없게 된다. 송나라의 주희(1130-1200)는 순자의 방법을 계승하여 '격물치지(格物致知)'라는 개념으로 정리하고 있다.

나의 지혜를 이루고는 것은 사물에 접하여 그 이치를 궁구함에 있다. 사물의 이치를 궁구할 때 이미 아는 이치를 계기로 삼아 더욱 극진히 궁구하면 하루아침에 모든 것을 관통하게 되어 모든 사물의 바깥과 속, 정밀한 것과 거친 것에 이르지 아니함이 없고, 내 마음 전체의 큰 작용이 밝지 아니함이 없게 된다. (『대학』「격물보망장」)

13. 衆好必察 중호필찰
모두가 좋다해도 반드시 살펴라

子曰 衆 好之 必察焉 衆 惡之 必察焉
자왈 중 호지 필찰언 중 오지 필찰언

공자가 말씀하셨다. "많은 사람이 좋아하더라도 반드시 살펴야 하며, 많은 사람이 싫어하더라도 반드시 살펴야 한다."

『논어』「위령공」편에 나오는 공자의 말씀이다. 많은 사람들이 좋아한다고 무턱대고 좋아해서는 안 되고, 많은 사람이 싫어한다고 자신도 무조건 싫어해서는 안 된다는 뜻이다. 내 생각을 정리하고 주체적으로 결정을 내리고 행동을 해도 늦지 않다는 것이다. 예를 들면, 요즘 경제 체제에서 사업(자영업)해서 돈 벌기가 쉽지 않다. 그런데도 사람들은 유행하는 업종을 따라 커피 같은 유행 업종의 가게를 여기저기 차리는 것을 쉽게 볼 수 있다. 참으로 위험한 행동이 아닐 수 없다.

또 많은 학생들이 대학 전공을 선택할 때 자신의 능력이나 좋아하는 것을 생각하지 않고, 다른 사람들이 좋아하는 것이나 사회적으로 명망이 높은 직업을 위한 학과를 선택하는 것을 볼 때도 참으로 위태롭다고 느낀다. 다른 사람들이 돌아보지 않는 전공이더라도 자신이 잘 할 수 있는 것이라면 그것을 선택하는 것이 현명한 태도라고 생각한다. 이는 오늘날처럼 하루가 다르게 사회 체제와 경제구조가 바뀌는 현실에서 더욱 필요한 태도이다. 미래와 자신의 능력을 두루 살펴보고 결정해도 늦지 않을 것이다.

공자는 다른 사람들의 시선에도 흔들리지 않고 자신의 생각으로 결정하는 힘을 인(仁)이라고 했고, 구체적으로 '극기복례(克己復禮)'라고 했다. 극기복례란 "자신의 욕심을 극복하고, 다른 사람들과 공감하고 그들을 배려할 수 있는 힘을 회복하는 것"이다. 이 말은 공자의 제자 안연이 공자에게 '인이 무엇입니까?'라고 질문했을 때 공자가 한 대답이다. 그런데 공자의 이 대답도 추상적이어서 보통 사람들이 실천하기 쉽지 않았다. 그래서 안연은 다시 질문한다. "선생님 좀 구체적인 실천사항을 알려 주십시오." 그때 공자는 "예가 아니면 보지 말고, 예가 아니면 듣지 말고, 예가 아니면 말하지 말고, 예가 아니면 움직이지 말라."고 대답하였다.

'예가 아닌 것'이란 자신의 신분과 능력에 어울리지 않는 모든 것이다. 학생이 술이나 담배를 하는 경우나, 어른 중에도 남들에게 과시하기 위해서 값비싼 자동차를 구입하는 경우가 여기에 해당한다고 할 수 있다. 아무튼 예가 아닌 것을 보고·듣고·말하고·움직이면 마음이 흔들려서 욕심에 굴복하여 자신이 잘할 수 있는 일을 못하게 되고, 상대방을 공감하거나 배려하지 못하고 반대로 자신의 이익을 위해서 이용하는 결과로 이어진다. 순자는 상대방을 공감·배려하는 힘은 다음과 같은 조건을 갖추었을 때 만들어진다고 하였다.

아무리 고귀한 자리에 있어도 교만하지 아니하며, 아무리 총명하고 슬기로워도 남을 괴롭히지 아니하며, 아무리 기민하게 앞을 내다봐도 남보다 앞지르지 아니하며, 아무리 굳세고 용감하다 하더라도 사람들에게 상해를 입히지 아니한다. 그리고 자기가 모르는 일이 있으면 누구에게도 선뜻 물어보고, 자기 힘으로 잘 안 되는 일은 남에게 부지런히 배우며, 설령 자기 힘으로 잘 되는 일일지라도 남에게 양보한다.

(『순자』「비십이자」)

14. 酒中不語 주중불어
술자리에서는 말을 삼가라

酒中不語 眞君子 財上分明 大丈夫
주 중 불 어 진 군 자 재 상 분 명 대 장 부

술이 취했을 때 말을 하지 않는 것이 군자요, 돈에 대해서 분명함이 대장부이다.

술을 많이 마시면 이성이 마비되고 감성이 살아나서 말이 많아진다. 그러다 보면 하지 말아야 할 말도 많아져서 결국은 실수를 하게 된다.

퇴계 선생도 젊은 시절에 술을 많이 마셔 말에서 떨어진 적이 있었다. 이 사건 이후로 늘 조심하여 다시는 실수를 하지 않았지만, 보통 사람들은 같은 실수를 반복하기도 한다. 여기에서 군자와 소인이 나누어진다. 조선시대 학자 권두경(1654-1725)은 술을 경계하면서 다음과 같은 글을 지었다.

술에 빠지느니 차라리 물에 빠져라. 물에 빠지면 헤엄쳐 나올 수 있지만 술에 빠지면 술에 잠겨 미치광이가 되리. 재물을 보고 구차하게 얻는 자는 염치가 완전히 없어지고 술을 좋아해 구차하게 마시는 자는

마음이 방자해져 제멋대로가 된다. 함부로 구하고 염치없이 탐한다면 공동묘지에서 남은 음식을 빌어먹는 것과 무엇이 다르겠는가? (권두경 지음, 『계주잠』)

위 두 분 선생님의 말씀과 이야기를 통해서 우리는 술을 가까이 하면 어떤 결과를 가져오는지 알 수 있다.

그런데 유교의 성인 공자는 술에 대해서 무조건 마시지 말라고 한 것은 아니었다. 공자는 "술의 양은 정해진 것은 없지만 어지러움에 이르지는 말라."고 하셨다. 예수나 석가모니는 처음부터 술을 마시지 말라고 했는데 왜 공자는 마시라고 했을까? 술의 순기능 때문에 그렇게 하신 것 같다. 술의 순기능이란 사람들과의 관계를 부드럽게 해주는 것이다. 서로 처음 보는 사이라도 술이 몇 잔 돌아가면 마음의 경계를 허물고 한층 가까워진다. 이런 술의 기능이 있기에 공자는 마시지 말라고 하지 않은 것 같다.

다만 조건이 있었다. 아무리 마시더라도 어지러움에 이르러 실수를 해서는 안 된다는 것이다. 오히려 마시지 말라고 한 예수나 석가모니보다 공자의 가르침이 더 실천하기 힘든 것 같다. 돈 역시 많을수록 좋다지만 그 역기능도 만만치 않다.

중국 한나라 사람 소광(疏廣)이 벼슬을 그만 두고 고향으로 돌아올 때, 임금은 황금 20근을, 태자는 황금 50근을 선물로 주었다. 보통 사람 같으면 황금을 팔아서 땅이나 집을 사서 노후의 평안을 도모할 것인데 소광은 그 황금으로 술과 음식을 장만하여 친척과 친구들을 초대하여 잔치를 베풀었다. 자손들이 그 이유를 묻자 소광은 다음과 같이 대답했다.

내 어찌 노망(老妄)하여 자손을 생각하지 않겠는가? 그러나 우리 집은 지금도 돈이 충분한데 여기에다 더 많으면 자손들이 돈을 믿고 게을러진다. 사람이 어질면서 돈이 많으면 사치하거나 음탕하게 되고, 어리석으면서 돈이 많으면 남에게 사기를 당하게 된다. 또 부자는 많은 사람들이 원망한다. 나는 이미 자손을 교화시키지 못했으니, 그 과실을 디하고 남에게 원망 받는 행위를 하고 싶지 않다. (『소학』「선행」)

15. 耳不聞非 이불문비
귀로 남의 험담을 듣지 마라

耳不聞人之非 目不視人之短 口不言人之過 庶幾君子
이불문인지비 목불시인지단 구불언인지과 서기군자

귀로 남의 나쁜 것을 듣지 않고, 눈으로 남의 단점을 보지 않고, 입으로 남의 허물을 말하지 않아야 군자에 가깝다.

군자가 되기 위한 조건으로 세 가지를 들고 있다. 귀로 남의 나쁜 것을 듣지 않아야 하고, 눈으로 남의 단점을 보지 않아야 하고, 입으로 남의 허물을 말하지 않아야 한다는 것이다. 사람은 크게 나누면 몸과 마음으로 구성되어 있다. 몸을 대표하는 것이 귀, 눈, 코, 입 등이고 마음의 대표적인 기능이 생각하고 판단하는 일이다.

귀나 눈, 입 등으로 인간은 듣고 보고 말한 다음 마음으로 옳고 그름을 판단해서 옳은 것은 행동으로 실천하고 틀린 것은 버리면 된다. 이렇게만 할 수 있으면 사람은 누구나 군자가 되고 인간 사회는 늘 평화가 유지되는 천국이 이루어질 것이다. 그러나 이런 사회가 되지 않았기에 늘 우리에게는 '어떻게 하면 이런 사회를 이룰 수 있을까?' 하는 질문을 달고 살아간다. 공자는 감각기관을 잘 조절하는 군자가 되려면 행동에서 아홉 가지를 생각할 수 있어야 가능하다고 하였다.

그 중에서 위 글과 관계있는 것이 "눈으로 볼 때는 밝게 볼 것을 생각하며, 귀로 들을 때는 밝게 들을 것을 생각하며, 말을 할 때는 진실하게 할 것을 생각하라(『논어』「계시」)"는 것이다. 이렇게 하면서 살아갈 때 서로 간에 긍정적인 영향을 가지게 되어 좋은 관계를 유지할 수 있게 된다.

맹자는 몸에 해당하는 눈, 귀, 입 등을 소체(小體) 즉 '작은 몸'이라 했고, 마음에 해당하는 것을 대체(大體) 즉 '큰 몸'이라고 했다. 이 말은 맹자의 제자 공도자가 '사람은 같은 사람인데 왜 어떤 사람은 대인(大人)이 되고, 어떤 사람은 소인(小人)이 되느냐?' 하는 질문에 맹자가 "대체를 따르는 사람은 대인이 되고, 소체를 따르는 사람은 소인이 된다."고 한 데서 나온다. 그러면서 대인이 되는 방법은 대체의 주된 기능인 '생각하는 것'을 잘 활용해서 대체를 기르는 것이라고 했다. 그러면 소체는 대체의 말을 잘 듣게 되어 소체의 특징인 '생각하지 못하고 사물의 유혹에 넘어가 버리는 실수'를 하지 않게 된다고 했다.

맹자는 대체를 잘 기른 사람을 대인 혹은 대장부(大丈夫)라고 하면서, "천하의 넓은 집에 살며, 천하의 바른 자리에 서며, 천하의 대도를 행하여 뜻을 얻으면 백성과 더불어 이것을 따르고, 뜻을 얻지 못하면 홀로 그 도를 행하여, 부귀(富貴)도 마음을 방탕하게 하지 못하며, 빈천(貧賤)도 지조를 바꾸게 하지 못하며, 권력과 무력도 뜻을 굽히게 하지 못하는 사람"이라고 했다.

16. 知足亦樂 지족역락

만족할 줄 아는 것이 참된 즐거움이다

知足者 貧賤亦樂 不知足者 富貴亦憂
_{지 족 자   빈 천 역 락   부 지 족 자   부 귀 역 우}

만족을 알면 가난하고 신분이 낮아도 또한 즐겁고, 만족을 모르면 부유하고 신분이 높아도 또한 걱정이 많다.

만족을 안다는 것은 자신이 처음에 원한 것을 얻었을 때는 멈출 줄 안다는 것이다. 이렇게 하는 것이 쉬운 게 아니다. 평소에 마음으로 단련하는 공부를 하지 않은 사람은 불가능한 일이다. 그래서 대부분 만족할 줄 몰라서 돈이 많아도 베풀 줄 모르고 오히려 더 많이 소유하려고 하고, 권력이 높아도 더 높은 자리에 오르려 하다가 부끄러운 일을 당하는 것을 많이 볼 수 있다.

이렇게 부끄러운 일을 당하지 않으려면 자신이 처음 마음으로 원하는 것을 얻었을 때는 멈춰야 한다. 그 일은 어떻게 하면 가능할까? 공자의 수제자 안연은 살림살이, 즉 먹는 것과 거처하는 집이 부실한데도 공부의 즐거움에 빠져 그 괴로움을 몰랐다고 한다. 대부분의 사람은 살림살이가 부족하면 괴로움을 참지 못하고 공부를 그만두고 돈을 찾아 진로를 바꾼다. 그랬다면 오늘날 우리가 알고 있는 안연은 존재하지 않는다. 안연이 그러한 삶을 선택할 수 있었던 이유를 우리는 공자와 노나라의 임금 애공의 대화에서 알 수 있다.

> 애공이 질문하기를 "선생님의 제자 중에서 학문을 좋아하는 사람이 있습니까?" 공자가 대답하기를 "안회라는 사람이 있는데 학문을 좋아하여 노여움을 다른 사람에게 옮기지 않았고, 같은 실수를 반복하지 않았는데, 불행하게도 목숨이 짧아 죽었습니다. 지금은 없으니, 아직 배움을 좋아하는 사람을 듣지 못했습니다."(『논어』「옹야」)

애공이 공자에게 제자 중에 학문을 좋아하는 사람이 있느냐고 질문한 것은 국가에 쓸 수 있는 인재가 있는지 알아본 것이다. 공자도 적당히 둘러대어 있다고 했으면 제자도 빨리 취직하고 좋았을 것인데 공자의 평가는 냉정하다. 그렇게 냉정한 평가를 할 수밖에 없었던 이유를 우리는 공자의 대답에서 알 수 있다. 학문을 좋아하면 노여움을 다른 사람에게 옮기지 않을 수 있고, 같은 실수를 반복하지 않을 수 있다고 한다. 사람으로서는 도달하기 어려운 경지를 말하고 있다. 상대방의 작은 말 실수에도 우리는 화가 나고, 어제 했던 실수를 오늘 다시 반복하고 있는 자신을 보고 있으면 안회의 이런 경지는 도저히 우리가 따라갈 수 없는 삶의 영역이다. 그래서 공자가 학문을 좋아하는 제자가 없다고 한 이유를 알 수 있다.

송나라의 정명도는 주렴계 선생님께 배울 때에 선생은 숙제를 내었는데 그 내용이 "안회가 살림살이가 부족해도 항상 즐거워하신

이유가 무엇인가?"였다. 일종의 화두(話頭)를 제시한 것이다. 주자는 이를 설명하기를 "정명도 선생님은 문제만 내고 답은 말하지 않았으니 나중에 배우는 사람들은 깊이 생각하여 스스로 깨우쳐야 한다고 하시면서 그래도 한마디 하면 널리 글을 배우고, 예로서 자신을 단속하는 공부를 하여, 그만두고자 하여도 (답을 알고 싶어) 그만 둘 수 없어 자신의 노력을 다할 때 거의 깨달음이 찾아온다고 하였다."

17. 馭心免過 어심면과

마음을 다스려 허물을 피하라

景行錄云 坐密室 如通衢 馭寸心 如六馬 可免過
경행록운 좌밀실 여통구 어촌심 여육마 가면과

『경행록』에 말하였다. "비밀스런 방에 앉아 있어도 사거리에 앉아 있는 것처럼 하고, 작은 마음 다스리기를 여섯 마리 말을 다스리듯이 하면 실수를 줄일 수 있다."

밀실은 혼자만이 알고 있는 공간이다. 이런 곳에 있으면 남들이 못 보기 때문에 마음속에 별의별 생각이 다 떠오른다. 그럴 때 생각을 하염없이 따라가면 시간 낭비만 할 뿐이고 그릇된 판단을 하기 쉽다. 이런 순간에 자신의 시간을 잘 다스리는 사람은 마치 자신이 지금 큰 도시의 번화가에 서 있어서 많은 사람이 내 일거수일투족을 지켜보고 있다고 생각하면 몸가짐을 단속하듯 마음도 단속할 수 있게 된다.

작은 마음도 가볍게 생각하여 함부로 따라가면 잡념이 되어 자신을 지배하게 된다. 그러므로 작은 마음이라도, 여섯 마리 말이 이끄는 마차를 모는 마부가 주의를 기울여 여섯 마리 각각 말의 힘을 살피며 조절하는 것처럼 처음부터 조심해야 한다. 이를 섬세하게 조절하지 못하면 결국은 마음이 변하여 즉 잡념이 되어 자신을 이상한 곳으로 데리고 간다. 마음 다스리는 방법을 퇴계 선생은 제자 우성전에게 다음과 같이 알려준다; "사람이 마음을 한결같이 지니는 것이 가장 어렵다. 내가 걸음걸이로 시험해 보니, 한 발자국 동안이라도 한결같은 마음을 지니고 있기가 어려웠다. (중략) 공부하는 사람에게 가장 좋은 극기(克己)의 방법은 '늘 깨어 있는 마음' 즉 경성(警惺)을 지니는 것이다. '경성'을 지니는 것이 처음에는 역시 어렵다. 그러나 '경성'하는 마음의 공부를 쉬지 않고 하면 나중에는 점점 쉬워져서 마침내 마음이 늘 깨어 있게 된다(정순목 지음. 『퇴계 평전』)."

퇴계 선생의 공부 방법을 일반적으로 '경(敬)'이라고 한다. '경'을 가장 잘 설명하는 단어가 '주일무적(主一無適)'이다. '주일무적'은 하나의 대상에 마음을 집중하여 다른 대상에 끌려가지 않는 공부 방법이다.

문제는 하나의 대상을 무엇으로 할 것인가 하는 점이다. 이것이 큰 숙제이다. 불교의 방법으로는 '염불'과 '화두'가 있고, 유교에는 『논어』나 『시경』 같은 경전의 구절을 외우는 방법이 있고, 수운 최제우가 창시한 '동학'에는 21자 주문을 외우는 마음공부법이 있다.

'주일무적'을 완성하는 길은 각자 인연에 따라 하나의 방법을 선택을 하여 마음 단련을 하되, 중요한 것은 퇴계 선생의 말씀처럼 '마음공부를 쉬지 않고 하면 나중에는 점점 쉬워져서 마침내는 마음이 늘 깨어 있'는 상태를 유지하는 것이다.

18. 守之以愚 수지이우

우직함으로 총명함을 지켜라

子曰 聰明思睿 守之以愚 功被天下 守之以讓
자왈 총명사예 수지이우 공피천하 수지이양
勇力振世 守之以怯 富有四海 守之以謙
용력진세 수지이겁 부유사해 수지이겸

공자 말씀하시기를 "재주가 많고 생각이 깊어도 어리석음으로 자신을 지키고, 공로가 천하를 덮을지라도 자신을 겸양으로 지키고, 힘이 세상을 이길지라도 겁냄으로써 자신을 지키고, 부유함이 온 세상을 가질지라도 자신을 겸손으로 지켜야 한다."

공자님이 제시한 네 종류의 자신을 지키는 네 가지 방법은 모두 수동적인 내용이다. 어리석음(愚)·겸양(讓)·겁냄(怯)·겸손(謙) 등은 한결같이 진취적이기보다는 한 걸음 뒤로 물러나라는 느낌을 주는 낱말이다. 왜 공자는 이러한 삶의 자세를 우리에게 요구하는 것일까. 평소 공자의 말씀을 근거해서 이유를 살펴보자. 공자는 최상위의 덕목인 인(仁)을 실현하려면 "자신의 욕심을 이기고 남에게 양보하는 마음을 회복하라(克己復禮)"고 하였다.

이처럼 공자는 '남을 이기라'고 하지 않고 '자신의 욕심을 이겨야 한다'고 말한다. 세상을 살다 보면 모든 사람은 같은 종류의 욕심을 가지고 있다는 것을 알게 된다. 그리고 지금 세상이 어지럽고 복잡한 것은 대부분의 사람이 그 욕심을 내려놓거나 양보하지 않고 치열하게 살아가기 때문이라는 것을 알게 된다. 그래서 공자는 우리가 마음 놓고 살 수 있는 따뜻한 세상을 만들기 위해서는 각자 추구하는 것을 서로 조금씩 줄여나가야 한다는 것을 말하고 있다. 우리 역사에서 부자이면서 겸손으로 자신을 지킨 부자의 대명사가 바로 경주 최부자이다. 이 집안에는 특별한 가훈, 즉 육훈(六訓)이 전해 온다. 첫째, 과거를 보되 진사 이상의 높은 벼슬은 하지 말라. 둘째, 만석 이상의 재산은 사회에 환원하라. 셋째, 흉년에는 땅을 사지 말라. 넷째, 과객을 후하게 대접하라. 다섯째, 주변 100리 안에 굶어 죽는 사람이 없게 하라. 여섯째, 시집 온 며느리들은 3년간 무명옷을 입어라.

최부자 집이 이런 삶을 살 수 있었던 것은 철학이 있었기 때문이었다. 그것이 육연(六然)이다; "첫째, 자기 집착해서 벗어나 자기에게 초연하라(自處超然). 둘째, 남에게는 언제나 부드럽고 온화하게 대하라(對人靄然). 셋째, 일이 없을 때 마음을 맑게 가져라(無事澄然). 넷째, 일을 당해도 겁내지 말고 용감하게 대처하라(有事敢然). 다섯째, 성공했을 때 오히려 담담하게 행동하라(得意淡然). 여섯째, 실의에 빠졌을 때 오히려 태연하게 행동하라(失意泰然)."

최부자 집안의 철학은 자신을 먼저 다스리고, 다음에 세상 사람을 편안하게 해주라는 공자의 가르침인 '수기안인(修己安人)'을 계승하고 있다는 것을 알 수 있다.

19. 防意如城 방의여성

뜻을 지키기를 성처럼 하라

朱文公曰 守口如甁 防意如城
주 문 공 왈 수 구 여 병 방 의 여 성

주문공이 말씀하시기를 "입을 지키기를 병목 지키듯이 하고 생각을 방어하기를 성곽 지키듯이 하라."

주문공은 중국 송나라 때 새로운 유학을 창시한 주희(1130-1200) 즉 주자(朱子)다. 조선의 정치이념이 된 성리학을 집대성했고, 퇴계와 율곡의 철학은 주자학의 바탕 위에 수립되었다. 선생은 원시유학, 즉 공맹의 사상을 뿌리로 하면서도 불교와 도교의 철학을 흡수하여 형이상학적 성격이 강화된 성리학으로 재정립하였다. 공・맹 사상의 현실 참여적인 성향을 계승하여 왕도정치를 구현하는 데 힘을 쏟았으며, 불교의 마음 수양법 즉 참선의 방법을 유학에 적용하여 '경(敬)'을 유학의 수양법으로 정립하였다. 도교에서는 '무위자연'의 정신을 배워 몸과 마음을 억지로 다스리는 것이 아니라 자연 그대로를 따르는 것이 참된 행복이라는 가르침을 전하고 있다.

'방의여성'의 가르침도 '감각기관과 마음을 어떻게 다스릴 것인가?'를 말하고 있다. 여기에는 '말하는 입'과 '생각'만 말했지만, 이목

구비 모두를 조심해야 한다는 뜻이 포함된다. 입을 통해 음식을 먹고 말을 할 때, 눈을 통해 사물을 보고 사람을 볼 때, 귀를 통해 소리를 들을 때, 코를 통해서는 냄새를 맡을 때, 마음을 통해서는 생각을 할 때 감각기관들이 작동을 잘하면 아무런 문제가 없을 것인데, 주자가 입과 생각을 조심하라고 하신 것을 보면 우리의 감각기관은 문제가 많다는 것을 알 수 있다.

감각기관의 문제를 일찍이 날카롭게 지적하신 분은 공자님이다. 공자는 『논어』에서 제자 안연이 인(仁)이 무엇인지를 묻자 '극기복례'라고 대답하셨다. 안연은 그 구체적인 방법을 다시 여쭈었다. 그때 공자님은 "예가 아니면 보지 말고, 듣지 말고, 말하지 말고, 실행하지 말라"고 하셨다. '예가 아닌 것'이란 도리(道理)에 어긋나는 것을 말한다. 그런 것을 보거나 듣거나 말하거나 실행하면 마음이 욕심으로 흐르고, 결국은 예를 어기게 되어 망신(亡身)하거나 파멸로 나아가게 된다. 이런 이야기를 주자는 좀 더 철학적으로 설명한다.

주자는 '마음(心)은 성(性)과 정(情)을 통솔(統)한다'는 개념을 제시하여 성에서 정으로 마음이 드러날 때 조심하지 않으면 잘못된 감정이 감각기관을 욕심으로 끌고 간다고 한다. 그래서 욕심을 이겨 상대방과 공감하는 마음을 회복하려면 성에서 정으로 드러날 때 이를 잘 조절하는 공부를 하라고 하셨다. 그것이 바로 '경(敬) 수양법'이다. 경 수양법의 요체는 '하나에 집중하여 다른 곳으로 따라가지 않는 것(主一無適)'이다. 이것은 불교의 참선법을 유교식으로 응용한 것이다. 주자의 폭넓은 공부가 아니었다면 나올 수 없는 공부법이다.

20. 心安茅穩 심안모온
마음이 편해야 집도 편하다

心安茅屋穩性定菜羹香
심 안 모 옥 온 성 정 채 갱 향

마음이 편안하면 초가집도 평온하고, 성품이 안정되면 나물국도 향기롭다.

참된 행복은 물질의 충족에 있지 않고 마음과 성품의 안정(安定)에 있다는 말씀이다. 일반적으로 사람들은 행복의 조건을 물질적인 것들, 즉 넓은 아파트, 고급 승용차, 값비싼 음식, 화려한 옷, 고가의 보석 등을 소유하는 것으로 꼽는다. 그러나 물질의 소유에서 행복을 찾는 것은 참으로 어리석은 생각이라고 명심보감에서는 말하고 있다. 왜 그런가? 사람의 욕심은 끝이 없기 때문이다. 물질적 욕망 충족을 행복 추구의 1차적인 조건으로 삼다보면, 사람은 끊임없이 더 많은 소유를 추구하다가 결국은 험한 꼴을 당하게 된다.

일찍이 참된 행복을 큰 영토를 차지하여 많은 백성을 다스리는 것에 있지 않고, 자신의 본성을 찾는 것이라고 말한 철학자는 맹자이다. 맹자가 성인으로 추앙되는 가장 중요한 이유는 바로 인간의 본성은 선(善)하다고 밝혔기 때문이다. 맹자가 말한 인간의 본성은 '인의예지(仁義禮智)'이다. 맹자는 사람은 누구나 어린아이가 우물에 빠지려 하면 본능적으로 어린아이를 구하려고 하는 측은지심(惻隱之心) 즉 불쌍히 여기는 마음을 가지고 있고, 그 밖에 정의롭지 않은 일을 부끄러워하는 수오지심(羞惡之心), 다른 사람에게 편리를 양보하는 사양지심(辭讓之心), 옳고 그름을 분별하는 시비지심(是非之心)을 가지고 있다고 했다.

이는 사람의 마음에 네 가지 측면이 있는 것은 사람의 육신이 사체(四體; 두 팔과 두 다리)를 가지고 있는 것과 같이 자연스러운 일이다. 인간이 이 네 가지 마음을 단서로 하여 깊이 추구하면 인의예지 즉 본성이 온전히 드러난다. 맹자는 사람들이 행복하기 위해서는 본성을 찾는 공부를 해야 하는데, 그 길은 모르고 방황하고 있다고 했다. 그 비유로 "집에서 기르는 닭과 개를 잃어버리면 찾을 줄은 아는 데 자신이 가지고 있는 본마음(측은 · 수오 · 사양 · 시비)을 잃어버리면 찾을 줄은 모른다"고 하였다. 그러면서 참된 공부는 잃어버린 마음을 찾는 것이라고 하였다. 어떻게 공부를 해야 하는가?

우선 맹자는 "널리 배우고 상세히 그 내용을 설명할 수 있는 경지까지 가야 한다(『맹자』「이루장 하」)"고 하였다. 이것은 자신의 지식을 자랑하려고 하는 것이 아니라 내용을 확실하게 이해하고 있어야 사람들이 질문을 했을 때 핵심 내용을 전달할 수 있기 때문이다.

다음 과정으로는 "스스로 깨우치는 공부"를 해야 한다. 이렇게 하기 위해서는 진리는 멀리 있지 않고 자신의 마음속에 있으므로 "몸을 반성하여 게으름이 머물지 못하도록 하고, 다른 사람들에게 넓은 마음을 베푸는 과정을 실시하면(『맹자』「진심 상」) 된다고 하였다.

21. 所思忠孝 소사충효

언제나 충과 효를 생각하라

夙興夜寐 所思忠孝者 人不知 天必知之 飽食煖衣
숙흥야매 소사충효자 인부지 천필지지 포식난의
怡然自衛者 身雖安 其如子孫 何
이연자위자 신수안 기여자손 하

아침 일찍 일어나고 저녁 늦게 자면서 (항상) 충과 효를 생각하면 사람들은 알아주지 않더라도 하늘은 반드시 알아주고, 배불리 먹고 따뜻한 옷을 입으면서 편안하게 스스로를 지키는 사람은 자신은 비록 편안하지만 자기의 자손들은 어떻게 하겠는가?

충(忠)은 가운데 중(中) 자와 마음 심(心) 자로 구성되어 가운데 마음을 의미한다. 가운데 마음은 거짓이 없는 마음이다. 그러므로 충을 생각한다는 것은 항상 진실 된 마음으로 생활하는 것이다. 효(孝)는 늙을 노(老) 자와 아들(자녀) 자(子) 자로 구성되어 있다. 자식이 늙은 부모를 업고 봉양하는 것이다. 그러므로 효를 생각한다는 것은 부모를 늘 그리워하는 것이다. 그런 사람은 나쁜 짓을 할 수가 없다.

그러므로 하루 종일 충과 효를 생각하는 사람은 순수한 마음 즉 양심이 드러나게 되어 좋은 일을 하며 살아간다. 다른 사람에게 덕을 베풀면 평소에 다른 사람들의 특별한 보답은 없더라도 모두

가 그가(덕을 베푸는 이) 잘 되기를 바랄 것이다. 이것이 하늘이 알아주는 것이다. 반면에 물질적으로 부유하게 살면서 자기밖에 모르는 사람은 몸은 비록 편하지만 세상 사람과 공감하는 삶을 살지 못한다. 그의 풍요로움은 다른 사람의 축복을 받지 못하는 외로운 것이다. 그런 사람은 얼마 못 가 나락으로 떨어지기 십상이며, 설령 자기 당대에는 잘 살더라도 결국은 후손들이 가난하게 된다.

충과 효를 실천한 사람들 가운데 재령이씨 집안에서 자녀들에게 다음과 같이 가르쳤다; "세상을 살아가려면 혼자서는 되는 일이 없어요, 다른 사람과 협동해야 하는 데 남의 도움을 받기 위해서는 내가 먼저 베풀 줄 알아야 합니다. 그때그때 짧은 시간으로 보면 손해가 될지 모르나 한평생을 놓고 보면 그게 가장 현명한 처사라는 것을 알 수 있어요, 밑그림을 작게 그리는 사람보다 큰 그림을 그리면 남에게 줄 수 있는 것도 많고, 또 그만큼 많이 되돌려 받을 것입니다(최효찬 지음, 『5백년 명문가의 자녀교육』「재령이씨 편」)"

재령이씨 집안 교육 철학은 공자의 '서(恕)'를 구체화한 것이다. 공자는 '서'의 의미를 "자기가 하고 싶지 않은 일을 남에게 베풀지 않는 것"이라고 하였다. 같은 원리로 자신이 먼저 상대를 배려하여 좋은 일을 하면 상대방도 자신을 배려하여 좋은 일로 응대한다는 것이다. 이렇게 서로가 배려하는 삶을 살면 온 세상이 따뜻한 사람들과 아름다운 일로 넘쳐날 것이다. 이것을 공자는 인(仁)의 세상이라고 했다. 공자가 그렇게 만들고 싶었던 인의 세상도 자신의 진실된 마음 즉 충과 효를 실천하는 소박한 삶에서 비롯된다는 것이다.

22. 恕人全交 서인전교
다른 사람을 용서해 우정을 완성하라

以愛妻子之心 事親 則曲盡其孝 以保富貴之心 奉君
이 애 처 자 지 심　사 친　즉 곡 진 기 효　이 보 부 귀 지 심　봉 군
則無往不忠 以責人之心 責己 則寡過 以恕己之心
즉 무 왕 불 충　이 책 인 지 심　책 기　즉 과 과　이 서 기 지 심
恕人則全交
서 인 즉 전 교

아내와 자식을 사랑하는 마음으로 부모님을 사랑하면 효도를 진실 되게 할 수 있을 것이요, 부귀를 보호하는 마음으로 임금을 섬기면 섬길 때마다 진실 되지 않음이 없을 것이요, 남을 꾸짖는 마음으로 자신을 꾸짖으면 허물이 적을 것이요, 자기를 용서하는 마음으로 남을 용서하면 사귐이 온전할 것이다.

결혼하기 전에는 부모를 사랑(효도)하다가 아내와 자식이 생기면 사랑이 아내와 자식에게 옮겨가게 된다. 그래도 예전의 마음을 변하지 않고 부모의 은혜를 잊지 않는 것이 효도의 길이다. 돈과 권력을 좋아하는 정도로 마음을 다하여 윗사람을 섬기면 도리를 어기지 않고 자기의 뜻도 이루게 된다. 남의 잘못을 꾸짖을 때의 기준으로 자신을 행동거지를 단속하면 잘못을 저지르지 않을 것이다. 자기를 용서하듯이 남을 용서하면 서로의 사귐이 오래갈 수 있다. 이 또한 서(恕)의 가르침에 닿아 있다.

재령이씨 집안의 가풍에도 이 가르침이 녹아 있다; "할아버지는 항상 자신보다 남을 먼저 배려하라고 하셨다. 어릴 때 동네 아이들에게 맞고 들어오면 칭찬을 해 주셨고, 반대로 때리고 들어오면 크게 혼을 내셨다. 할아버지는 이유를 설명해 주지 않으셨지만 남을 해치지 않는 인간관계를 염두에 두셨던 것 같아요. 다만 그런 어려운 개념을 일일이 설명하는 것보다 나중에 스스로 알도록 했던 거죠." (최효찬 지음, 『5백년 명문가의 자녀교육』「재령이씨 편」)

남의 허물을 꾸짖는 것보다 자신의 허물을 먼저 보게 함으로써 자신을 바로잡는 옛 어른들의 지혜를 엿볼 수 있다. 오늘날은 완전히 거꾸로 교육하고 있으니 참으로 걱정이다.

조선의 학자 이남규는 친구에게 '공경 다해 어버이 섬기는 것이 자식의 도리일세. 용모를 공손히 하고 낯빛을 부드럽게 하고 말씀하지 않으셔도 뜻을 살피고, 물러나 있을 때도 곁에 모신 듯이 하시게.'라고 충언하였다.

친구가 이에 식사를 하고 있을 때 나를 말씀하시고자 할 때 어떻게 응해야 하는지를 물었다. 이남규는 '하던 일 그대로 두고 먹던 밥상 물린 채 대답하고, 곧장 문지방을 넘어 가서 뵈어야 하며, 사납지 않은 온화한 모습으로, 그러나 느릿느릿 하지 말고 서둘러야 하네. 어버이 섬기는 자식의 예절에 혹시라도 어긋남이 없어야 하네.'라고 하였다.

친구가 다시, 응대할 땐 어떻게 해야 하는지를 물었다. 이남규는 '입을 공손히 다물고 숨을 죽이고서 알고 있는 일이라도 깊이 생각하라'고 하고 이어 '단정 지어 묻지 말고 억측을 끌어다 붙이지 말아며, 학이 울면 새끼가 화답하듯 마음이 서로 감통하도록 응대하라'고 하였다. 또 이남규는 "밖에서는 어른을 섬기고 벼슬하면 임금을 받드는 게 모두 같은 도리이니 동서남북 어디고 다르지 않네. 이것을 알아 실천하는 것, 이를 '격물'이라 하니 하찮은 일이라 하여 소홀히 하지 말라"고 당부하였다. (이남규 지음, 『초학잠』)

23. 忍忿免憂 인분면우

화를 참으면 근심이 없게 된다

忍一時之忿 免百日之憂
인 일 시 지 분 면 백 일 지 우

한때의 화냄을 참으면 백일의 근심을 벗어날 수 있다.

화낼 분(忿) 자는 나눌 분(分) 자와 마음 심(心) 자로 되어 있다. 마음이 나누어진 모양이다. 어떤 경우에 마음이 나누어지는가? 일이 자신의 생각대로 풀리지 않을 때 마음이 나뉘어 날뛰는 경우가 많다. 어려움에 처해 마음이 요동칠 때 화가 불같이 일어난다. 여기서 어려움은 건강이 안 좋아졌다거나, 사업이 잘 안 되는 때, 인간관계가 잘 풀리지 않는 경우 등을 들 수 있다. 이런 때 본래 마음에서 떠나지 않으면 화를 다스릴 수 있으나, 이것이 쉬운 일이 아니다.

공자도 『논어』 첫머리에 "남이 나를 알아주지 않아도 화내지 않으면 군자가 아니겠는가?"라고 했다. 학문의 즐거움을 말한 다음에 바로 이 말을 한 것은 아무리 많이 공부해도 화를 내면 허사가 되기 때문이고, 그만큼 화는 참기가 어렵다는 것이다. 공자는 화를 이기는 법도 제시했다. 노나라 임금 애공의 물음에 대답하는 내용 중에 나온다.

애공이 공자에게 "제자 중에 누가 배움을 좋아합니까?"라고 묻자, 공자께서 대답하시기를 "안회라는 사람이 배움을 좋아하여 화를 남에게 옮기지 않았고 잘못을 두 번 다시 하지 않았는데, 불행히도 목숨이 짧아 죽었습니다. 지금은 없으니 아직 배움을 좋아하는 사람이 있다는 것을 듣지 못했습니다."라고 하셨다. (『논어』「옹야」)

공자는 위 글에서 수제자 안회의 경우를 통해, '배움을 좋아하면 화를 스스로 조절하고, 남에게 옮기지 않을 수 있다'고 하였다.
여기서, 공자기 말히는 배움이 무엇이고 어떻게 화를 조절할 수 있는지 살펴볼 필요가 있다. 공자는 배움에 대해 "널리 글을 배우고 예법을 통해서 자신을 붙잡으라"고 했다. 여기서 글은 공자가 스승으로 삼은 상고 시대 성인들의 글인데, 공자는 이것을 정리하여 『시경』·『역경』·『예기』·『춘추』 등의 경전을 만들었다. 성인들의 글(가르침)을 배우는 것을 싫어하지 않고, 또 가르치는 것을 게을리 하지 않으며, 모르는 것이 있을 때 그냥 넘어가지 말고 자세히 묻는 과정을 거치면 글의 내용이 마음속에 녹아 들어가서 즐거움을 느끼게 된다.
이런 과정을 반복하면 마음속에 '덕(德)'이 쌓인다. 그 덕이 밖으로 흐르면, 주위에 뜻을 같이하는 친구들이 모여든다. 공자가 "친구들이 멀리서 찾아오면 즐겁지 아니한가?"라고 한 말이 그것이다. 이런 친구들과 교유하며 학문을 계속하면서 자신의 단점을 뿌리까지 제거하면 어느 사이에 마음속에 온화한 기운. 즉 덕이 완성되고, 군자가 되어, 세상을 아름답게 만드는 데 앞장서게 된다.

24. 修身之美 수신지미
몸가짐을 아름답게 하라

子張 欲行 辭於夫子 願賜一言爲修身之美 子曰
자장 욕행 사어부자 원사일언위수신지미 자왈
百行之本 忍之爲上 子張曰 何爲忍之 子曰 天子忍之
백행지본 인지위상 자장왈 하위인지 자왈 천자인지
國無害 諸侯忍之 成其大 官吏忍之 進其位 兄弟忍之
국무해 제후인지 성기대 관리인지 진기위 형제인지
家富貴 夫妻忍之 終其世 朋友忍之 名不廢 自身忍之
가부귀 부처인지 종기세 붕우인지 명불폐 자신인지
無禍害
무화해

자장이 길을 떠나면서 공자에게 "선생님, 몸을 닦는 데 가장 아름다운 말씀을 듣고자 합니다"라고 청하였다. 공자님이 "모든 행동의 근본은 참는 것이 으뜸이다"라고 답하였다. 자장이 "참는 것은 무엇입니까?" 하고 물었다. 공자께서 답하셨다. "천자가 참으면 나라에 재앙이 없고, 제후가 참으면 큰 것을 이루고, 관리가 참으면 자리가 높아지고, 형제가 참으면 집안이 부귀를 이루고, 남편과 아내가 참으면 세상을 함께 마칠 수 있고, 친구가 참으면 이름을 유지할 수 있고, 자신이 참으면 재앙이 없다.

자장은 공자의 제자이며 공자보다 50세 정도 어린 사람이다. 출신은 미천했지만 외모가 뛰어나고 외향적이어서 공자에게 성공하는 법을 많이 질문했다. 이 글도 공자에게 어떻게 하면 자신이 원하는 바를 이룰 수 있는지 묻는 것이다. 공자는 '참으라'고 하였다. 참을 인(忍) 자는 칼날 인(刃) 자와 마음 심(心) 자로 구성되어 있다. 날카로운 칼날로 마음을 찌르더라도 참으라는 뜻이다. 공자는 길을 떠나는 제자에게 앞으로 살다 보면 많은 고통이 따를 것이니 참지 못하면 자신이 원하는 것을 이룰 수 없다고 한 것이다.

지금 세상은 미국과 중국이 서로의 이익을 위해 살벌한 경쟁을 하고 있고, 그 사이에 위치한 우리나라는 어떻게 처신해야 나라의 이익을 지킬지 고민하고 있다. 우리나라 안을 들여다보면 진보와 보수로 분리하여 국가의 이익보다는 서로의 이익을 얻기 위하여 참지 못하고 살벌한 경쟁을 하고 있고, 집안을 살펴보면 피를 나눈 형제들이 부모가 물려준 재산을 서로 차지하기 위해 서로 양보할 줄은 모르고 소송도 불사한다. 남편과 아내는 '서로의 자아'를 내세우며 갈등하다 헤어지고, 상처받은 자식들은 기성세대에 대한 불신을 쌓아가며 방황한다. 이 모든 것이 참지 못하여 일어나는 일들이다.

참는다는 것이 참으로 말처럼 쉽지 않은 일이다. 공자는 자장에게 참을 수 있게 하는 방법을 제시하고 있다. 그 내용은 "덕을 숭상하고 의심나는 일이 있으면 잘 분별하라"는 것이다. 덕(德=悳)은 '곧은 마음(直心)' 즉 양심을 말한다. 그래서 공자는 양심대로 살면 자기 주위에 많은 친구들이 모여 외롭지 않게 된다고 하였다. 미국과 중국이, 진보와 보수가, 피를 나눈 형제들이, 남편과 아내가 서로의 이익을 위하여 죽음도 불사하는 길을 가기보다는 내 마음을 잘 분별하여 서로를 성장시키는 현명한 길을 찾을 수 있다면 얼마나 좋을까?

25. 凡事留情 범사유정
매사에 인정을 남겨라

凡事 留人情 後來 好相見
범 사 유 인 정 후 래 호 상 견

모든 일에 인정을 남겨 놓으면 나중에 서로 좋게 만날 수 있다.

일처리를 할 때 딱 자르지 말고 따뜻한 사람의 정을 남겨 놓고 마무리하면 서로의 이름만 들어도 기분이 좋아진다. 그렇지 않고 서로 이익만 추구하여 냉정하게 결론지으면 다시는 상대방의 이름조차 떠올리기 싫어진다. 옛사람들의 사람 냄새 풍기는 일 처리 방식이 그리워지는 요즘이다.

부산 서면에서 진행된 논어 강의를 통해 알게 된 고등학교 선생님이 있는데 보기에도 마음이 넉넉한 인상을 풍기셨다. 이분이 한 학기 논어 강의를 끝내고 헤어지는데 부채를 선물로 주셨다. 부채 안에 붓으로 예쁘게 글귀가 있었는데 바로 위의 글이다. 처음에는 크게 어려운 내용이 아니라 대충 보고 넘겼지만 부채를 펼 때마다 글귀를 다시 읽어보니 진실로 소중한 글이라는 것을 깨닫게 되었다. 중국 전국시대의 순자는 어떤 삶의 태도가 천하를 소유하게 하고 잃게 하는지를 다음과 같이 서술하고 있다.

백성들에게 이익을 주지 않고서 이용만 하는 것은 먼저 그들에게 이익을 준 다음에 이용하는 이로움만 못하다. 또 백성들을 사랑하지 않으면서 부리는 것은 먼저 그들을 사랑한 뒤에 부리는 편의 효과만 못하다. 다음으로, 백성들에게 이익을 준 다음에 이용하는 것은 그들에게 이익을 주고서도 이용하지 않는 이로움만 못하고, 마찬가지로 백성들을 사랑한 다음에 부리는 것은 그들을 사랑하면서도 부리지 않는 편의 효과만 못하다. 이익을 주면서도 이용하려 하지 않고, 사랑하면서도 부리려 하지 않는 임금은 천하를 얻어 천자가 될 것이요, 이익을 준 다음에 이용하려 하고, 사랑한 다음에 부리려는 임금은 한 나라를 보존하게 될 것이요, 아무런 이익을 주지 않으면서 그냥 이용만 하려 하고, 사랑하지 않으면서 부리려고만 하는 임금은 나라가 위태롭게 될 것이다. (『순자』「부국」)

순자는 천하를 소유하려는 임금은 백성들에게 이익을 주면서도 이용하려 하지 않고, 사랑하면서도 부리려 하지 않아야 한다고 말한다. 반면에 나라를 위태롭게 하는 행동은 이익을 주지 않으면서도 그냥 이용하기만 하고, 사랑하지 않으면서 부리기만 하는 행동이라고 한다.

이 말이 어찌 천하와 나라에만 해당하겠는가? 한 사람의 인간관계에도 그대로 적용된다. 내가 윗사람이라 아랫사람을 일만 시키고 아무런 보상도 하지 않으면 그 사람은 비록 말은 못하지만 마음속에 미움이 저장되어 그것이 다른 사람들에게 말로 전달된다. 정당한 대가, 진심을 다한 보답을 하여 서로 간에 미움이 발생하지 않도록 하는 것이 바람직하고 정의로운 것이다.

  친구 사이에서도 오래 기억되는 사람은 다른 친구를 품어준 사람이다. 나의 예를 들면, 학창 시절에 어려웠던 수학 문제를 질문했을 때 자기 공부하기에도 바쁠 텐데 전혀 내색하지 않고 기쁜 표정과 어투로 친절히 설명해 준 친구는 지금도 생각하면 얼굴에 웃음이 절로 지어진다. 그것이 별거 아닌 것 같지만 지나고 나면, 나로서는 실천하기 어려운 삶의 한 모습이었던 것 같다.

26. 切問近思 절문근사
부지런히 묻고 가까이서 생각하라

子夏曰 博學而篤志 切問而近思 仁在其中矣
자하왈 박학이독지 절문이근사 인재기중의

자하가 말씀하였다. "배우기를 널리 하고 뜻을 돈독히 하며, 절실하게 묻고 근사하게 생각하면, 인은 그 가운데 있다."

자하는 공자의 제자로, 문학에 뛰어난 능력을 보인 사람이다. 그래서 글을 널리 배우라고 하였다. 여기서 '글'은 스승 공자께서 정리한 『시경』·『서경』·『예기』·『춘추』 등의 경전을 말한다. 이런 경전을 스승에게 열심히 배우되, 잊어버리기 전에 복습을 해야 하는데 그 방법이 독실하게 마음을 먹고 깊이 파고 들어가는 것이다. 이렇게 하면 배운 글의 내용이 마음속에 새겨진다. 마음에 새긴 글의 내용대로 일상생활을 하면서 마주치는 질문들을 절실하게 물어가다 보면 대충 이해되었던 글의 내용이 어느 날 문득 환하게 이해된다.

질문할 때는 처음부터 너무 어려운 내용을 가지고 하지 말고, 가깝고 쉬운 내용부터 차근차근 하는 게 공부하는 사람의 자세이다. 이렇게 하다 보면 공자가 가장 강조하는 인(仁)의 의미를 알게 되고 실천할 수 있게 된다.

이렇게 말한 자하도 처음에는 공부를 독실하게 하지 않았나 보다. 어느 날 공자는 자하에게 "너는 군자의 학자가 되어야지, 소인의 학자가 되어서는 안 된다"고 하였다. 여기서 군자의 학자란 다른 사람이 자신을 알아주지 않아도 화내지 않는 사람을 말한다. 공자께서 자하에게 이런 말씀을 하신 것은 자하가 공부는 잘 하지만 인품이 부족하니 더욱 닦으라는 뜻이 담겨 있다.

그러면, 어떻게 공부하면 군자의 학자가 될 수 있을까? 그 답을 후대의 학자 순자에게서 엿볼 수 있다.

인(仁)과 의(義)의 도는 옛 성왕이 천하를 위하여 크게 걱정한 나머지, 후세에 전하여 주신 것이다. 천하의 백성을 위하여 걱정하고 길이 후세를 염려하여 만세를 보전하려는 것이니, 그 유풍은 길고 온후하며, 그 공덕은 성대하고 요원하다. 정직하고 완전히 수양을 쌓은 군자가 아니면 알지 못하는 것이다. 그러므로 짧은 줄을 가지고 깊은 우물 속의 물을 잴 수 없으므로, 사려가 깊은 사람이 아니면 성인의 말에 미치지 못한다. 그러므로 시경·서경·예기·악경의 분간이란 보통 사람으로서는 모르는 것이다. 그러므로 나는 이렇게 말한다. "시경·서경·예기·악경 등의 법을 한 번 들어 알 수 있다면, 다시 또 한 번을 알려고 노력하고, 그것을 일단 몸에 간직했다면 연구할 수 있도록 힘쓰고, 그 뜻을 널리 알았다면 만사에 두루 통달할 수 있도록 하고, 또 그것을 생각할 때는 그로 인하여 몸과 마음이 항상 편안하도록 하며, 다시 수 없이 되풀이 하고, 또 생각에 생각을 거듭하여 더욱더 애호하도록 할 것이다."라고 하였다. 이런 방법으로 마음을 닦으면 이롭고, 이름을 얻으면 영광되고, 사회생활을 하면 화목하고, 홀로 행하면 만족하니, 마음과 뜻을 즐겁게 하는 것이 이것이다. (『순자』「영욕」)

순자의 답은 경전에서 말하는 가르침을 완전히 자신의 것으로 소화할 때까지 노력을 멈추지 말라는 것이다. 그렇게 하면 공자께서 자하에게 말씀하신 군자의 학자가 되어 남이 자신을 알아주지 않아도 화가 나지 않는 인(仁)의 경지에 도달할 수 있을 것이다.

27. 人學知道 인학지도
사람은 배워야 도를 안다

禮記曰 玉不琢 不成器 人不學 不知道
예 기 왈 옥 불 탁 불 성 기 인 불 학 부 지 도

『예기』에서 말하였다. "옥은 다듬지 않으면 그릇을 만들 수 없고, 사람은 배우지 않으면 진리를 알 수 없다.

여기서 옥은 가공되지 않은 원석이다. 이것을 그냥 두면 아무런 쓸모가 없다. 장인이 자르고 다듬어야 그릇이나 장신구 등 쓸모 있는 것이 된다. 사람도 마찬가지다. 사람으로 세상에 태어났는데 배우지 않고 시간을 보내면 아무 의미 없는 존재가 되어 버린다. 그래서 공자는 『논어』에서 의미 있는 인생을 살려면 15세에 배움에 뜻을 두라고 하였다. 여기서 배움의 대상은, 예컨대 학문뿐이 아니라 세상 만물이 모두 해당될 수 있다. 공자는 옛사람들이 남겨 놓은 글과 예법 등을 정리하는 작업을 열심히 했다. 그 과정은 '배움'의 과정이기도 했다. 10년 이상의 정성을 들여 몰입한 결과 드디어 서른 살에 남들보다 뛰어난 성과를 얻어 스스로 우뚝 설 수 있었다(而立). 그래서 당시에 모르는 것이나 궁금한 것이 있으면 공자에게 물으면 된다는 말이 있었다고 한다.

그렇지만 아직 모든 일을 원만하게 처리할 수 있는 단계는 아니었다. 그래서 공자는 쉬지 않고 정진하여 10년을 더 공부한 결과 마흔 살에 어디에도 흔들리지 않는 경지에 도달하였다. 이것은 마음으로는 욕심이 줄어들어 외부의 유혹에 흔들리지 않았고, 밖으로는 세상의 이치에 밝아서 무엇을 질문해도 막힘이 없는 경지에 도달한 것이다(不惑).

보통 사람 같으면 여기에 만족할 것인데 공자는 멈추지 않고 10년을 더 공부를 계속한 결과 쉰 살에 하늘의 뜻을 알게 되었다(知天命). 이 때 하늘의 뜻이란 무엇일까? 혼자 잘 살려 하지 말고 사람들과 어우러져 도움을 주고받으며 살라는 것이다. 어디 사람에게만 해당되겠는가? 다른 동물과 식물들과도 도움을 주고받을 수 있는 사람이 되라는 것이다. 후대의 학자 순자는 학문의 내용과 목적을 다음과 같이 말하고 있다.

> 학문이란 어디서 시작해서 어디서 끝나는가? 학문하는 순서는 먼저 시경·서경 등 경전을 외우는 데서 비롯하고, 예기를 정독하는 데서 끝나는 것이며, 그 목적은 군자가 되는 데서 비롯하여 성현이 되는 데서 끝나는 것이다. 참으로 오래오래 힘써 행하면 학문의 도에 들어가는 것이니, 학문이란 생명이 다할 때라야 끝나는 것이다.(『순자』「권학」)

순자의 말씀처럼 공자도 학문을 그만두지 않고 계속 공부한 결과 예순 살에 육신의 감각기관이 자신의 뜻에 어긋나지 않는 경지에 도달했다(耳順). 보통 사람은 감각기관 즉 눈·귀·코·입 등이 마음의 명령을 잘 듣지 않고 외부의 유혹에 끌려가 버리는데, 공자는 감각기관과 마음이 하나 되어 늘 평안한 상태를 유지할 수 있었다. 그래서 공자는 일흔세 살에 생명이 다할 때까지 몸과 마음이 하고자 하는 대로 움직여도 천리에 어긋나지 않는, 대 자유인의 삶을 살다가 갔다(從心所慾不踰矩). 이제 우리도 공자 학문의 길을 알게 되었으니, 주저하지 말고 도전하면 보람된 인생을 살아볼 수 있게 되었다.

28. 敎子一經 교자일경
자식 교육은 한 가르침에서 시작한다

漢書云 黃金滿籯 不如敎子一經 賜子千金
한 서 운 황 금 만 영 불 여 교 자 일 경 사 자 천 금
不如敎子一藝
불 여 교 자 일 예

『한서』에 말하였다. "황금을 상자에 가득 채우는 것이 자식에게 경전 한 권 가르치는 것만 못하고, 자식에게 천금을 주는 것이 자식에게 기술 한 가지 가르치는 것만 못하다."

『한서』는 중국 후한 시대의 역사가 반고가 지은 기전체(紀傳體: 인물 전기 중심의 역사 서술)의 역사책이다. 사마천의 『사기』와 더불어 중국의 대표적인 사서(史書)이다. 반고의 아버지 반표가 사기에 부족한 것과 무제 이후에 사기에 기록되지 않은 『후전』을 쓰기 시작하였지만 완성하지 못하고 사망하였다. 아들 반고는 아버지의 뜻을 이어 책을 지어나갔으나, 나라의 역사를 마음대로 한다는 모함을 받아 옥에 갇혔다. 다행히 누명이 풀려 명제의 지원을 받아 일부분을 제외하고 거의 완결하였다. 이후 미진한 부분을 누이동생 반소가 보완하였고, 다시 마속의 보완으로 최종 완성본이 만들어졌다. 『사기』가 상고시대부터 무제까지의 통사인데 비하여 『한서』는 한 고조 유방

부터 왕망의 난까지 12대 230년간 전한 편만을 다룬 단대사라는 점에 특징이 있다.

한서의 완성 과정을 보면 아버지와 아들(반고), 딸(반고의 누이동생)에 이르기까지 2대에 걸친 노력이 없었다면 불가능하였다는 것을 알 수 있다. 반표가 아들딸에게 경전을 가르치지 않았으면 한서를 오늘 우리가 볼 수 없을 것이다. 그러므로 천금을 자식에게 물려주는 것보다는 경전 한 권 가르치는 게 훨씬 의미 있는 일임을 알 수 있다.

이덕무(1741-1793)는 "농사짓고 나무하고 고기 잡고 짐승 치는 일은 인생의 본업이다. 목수의 일, 옹기장이 일, 새끼 꼬는 일, 신 삼는 일, 책 매는 일, 술 빚는 일, 밥 짓는 일에 이르기까지 일상생활에 필요로 하는 일은 효제 등 인륜과 아울러 행하여 폐지할 수 없는 것이므로 재주와 능력에 따라서 글을 읽고 행실을 닦는 틈틈이 배워 익혀야지, 조그만 기예라고 멸시해서는 안 된다. 그러나 만약 전념하느라 거기에서 헤어나지 못한다면 또한 큰 잘못(이덕무 지음, 『사소절』)"이라고 하였다.

이덕무는 서자 출신이라 학문하는 것으로 입신할 수 있는 신분은 아니었다. 그러나 생계에만 매여 살자면 사람이 살아가는 도리를 배우지 못해 참된 인간이 될 수 없다. 그래서 이덕무는 가난해서 책을 살 형편이 되지 않았지만 굶주림 속에서도 수만 권의 책을 읽고, 수백 권의 책을 베껴 썼다. 그렇게 해서 쓴 책 이름이 『청장관전서』이다. 이 책은 역사적 사실에 대한 고증에서부터 지리, 초목, 곤충, 물고기에 대한 것까지 모든 것을 망라하는 백과전서였다.

  이덕무가 죽었을 때 묘지명을 이서구가 지었는데, 그가 어떤 삶을 살았는지 알 수 있다; "밖으로는 쌀쌀한 것 같으나 안으로 수양을 쌓아 세상의 권력과 이익에 흔들리거나 마음을 빼앗기지 않은 사람."

29. 至樂讀書 지락독서
가장 큰 즐거움은 책 읽기다

至樂 莫如讀書 至要 莫如敎子
지락 막여독서 지요 막여교자

지극한 즐거움은 책을 읽는 것이고, 지극히 중요한 것은 자식을 가르치는 것이다.

어릴 때부터 귀에 못이 박힐 정도로 들은 말이 '책 속에 길이 있다'는 것이다. 처음 들을 때는 그러려니 했더니, 살아가면서 곰곰이 생각해보면 이보다 더 소중한 말은 없다. 책 속의 길은 눈으로 볼 수 없어서 찾기는 어렵다. 그러나 한번 그 길을 찾으면 영원히 떠날 수 없는 멋진 길이다. 옛날부터 학자들은 책 속의 길을 찾아왔다.
중국 북송의 왕안석(1019-1086)은 책의 중요성을 이렇게 말한다.

가난한 사람도 글로 인해 부자 되고, 부자는 글로 인해 더욱 귀해지네. 어리석은 사람은 글을 보고 착해지고, 착한 사람은 글로 인해 이익 생기네. 나는 다만 글 읽어 영화로운 것 보았고, 글 읽다가 타락하는 것 보지 못했네. 금을 팔아 책을 사서 읽으라. 글 읽으면 금을 도로 사기 쉬운 것. 좋은 글 졸지에 만나기 어렵고, 좋은 글 참으로 보기 힘드네.

여기 글 읽는 사람에게 권하노니, 좋은 글을 마음속에 두어 기억하게.

(왕안석 지음, 『권학문』)

퇴계 선생은 12세 때 숙부 송재 선생에게서 『논어』 배울 때를 다음과 같이 회상하고 있다. "송재 선생께서는 과정을 엄하게 세워서 나로 하여금 조금도 느리거나 예사로이 하지 못하게 했다. 나는 가르침을 받들어 조심하고 힘써서 조금도 게을리 하지 않았다. 새로운 지식을 얻으면 반드시 옛것을 익히고, 한 권을 마치면 반드시 그 책을 외우고, 두 권을 마치면 두 권을 내리 외었다. 이렇게 하기를 오래 하니 차츰 처음 배울 때와 달라졌다. 그리하여 3, 4권을 읽게 될 때는 간혹 스스로 알아지는 데가 있었다(정순목 지음, 『퇴계 평전』)."

퇴계 선생의 공부 과정을 엿볼 수 있다. 선생은 어릴 적부터 부지런히 『논어』를 읽은 결과 "배우고 익혀서 기쁨을 얻고, 친구를 통해서 (자신을 돌아보는) 즐거움을 얻고, 남들이 자신을 알아주지 않아도 화를 내지 않는 군자가 되는" 3단계 과정을 실제로 체험했다는 것을 그의 제자들이 남긴 기록을 통해서 알 수 있다. 이덕무 선생은 어린 아이 가르치는 태도를 다음과 같이 언급하고 있다.

어린아이를 가르칠 때 엄하게 단속해서는 안 된다. 엄하게 단속하면 기백이 약한 아이는 겁을 먹고, 기질이 강한 아이는 울분하여 원망하는 마음을 갖는다. 너그럽게 놓아두어서도 안 된다. 너그럽게 놓아두면 의지가 약한 아이는 게을러지고, 기질이 강한 아이는 방종해지며 능멸하는 마음이 생긴다. 모름지기 말을 이끌고 솔개를 부리는 것처럼 하여 채찍이 항상 손에 있어 알맞게 조정하는 것이 옳다. (이덕무 지음, 『사소절』)

이덕무 선생의 어린아이 가르치는 방법도 책을 읽고 공부하지 않았으면 오늘 우리가 접하지 못했을 것이다. 그만큼 독서는 새로운 길을 만들고 새로운 인생을 열어주는 묘방인 것이다.

30. 內賢父兄 내현부형

어진 부모, 엄격한 스승과 친구가 있어야 한다

呂滎公曰 內無賢父兄 外無嚴師友 而能有成者 鮮矣
여 형 공 왈 내 무 현 부 형 외 무 엄 사 우 이 능 유 성 자 선 의

여형공이 말하였다. "안으로 현명한 아버지와 형이 없고, 밖으로 엄격한 스승이나 친구가 없으면 성공할 사람 거의 없다."

여형공(1039-1116)은 북송 사람으로 여공저의 아들이다. 과거시험은 포기하고 오로지 고전 공부에만 몰두했다. 범조우의 추천을 받아 숭정전 설서 우사간 · 비서소감 등을 역임했다. 학문은 일가나 일설에 얽매이지 않았다. 처음에는 초천지에게 배워 구양수의 재전 제자가 되었고, 다시 손복 · 호원 · 석개에게 배웠으며, 소옹 · 왕안석에게도 배웠다. 당대의 도학자인 정호와 정이, 장재와도 교유하였다.

여형공은 아버지 여공저로부터 훌륭한 가르침을 받을 수 있었다. 여공저는 재물에는 관심이 없었고 왕안석과는 친분이 깊어 친동생처럼 대했다. 구양수와도 친해졌다. 구양수는 나중에 공저의 학식과 인품에 감동하여 조정에 적극 추천하였다. 선생은 성품이 과묵하고 처신이 무거웠다. 사람의 농담이 정도를 벗어나면 늘 여공저가 정색하고 제지하였다. 당대의 장우석은 옷차림이 초라하고 언동이 거칠

어 남들의 조소 대상이 되었다. 그러나 여공저만은 결코 한마디도 놀리지 않아 그가 감격해 울기까지 하였다.(『박종구의 중국 인물 이야기』)

북송의 3대 스승으로 불렸던 손복·호원·석개 등을 스승으로 모시고 배운 것은 여형공의 학문을 크게 넓혔다. 특히 호원은 도덕을 중시하면서도 실용적인 기술도 중히 가르쳤다. 그의 가르침 덕분에 나라에서 선비를 뽑을 때 열 명 중 다섯 명은 그의 제자였다.

본성과 천명에 대한 견해를 밝게 드러내어 송나라 도학의 발전에 선구적 역할을 하였고, 전통의 예법을 중시함으로써 도학자들의 예학연구에 직접적인 영향을 미쳤다. 그가 북송의 저명한 도학자인 정호와 정이 형제 그리고 장재 등과 교유한 것을 보면, 그가 출세보다는 어떻게 하면 참된 인간이 될 것인가에 많은 노력을 기울였다는 것을 알 수 있다. 그는 이렇게 훌륭한 아버지와 엄격한 스승 벗들의 가르침 덕분에 아름다운 인격을 갖추게 되었다.

그의 나이 열 살 때, 큰 추위, 더위와 비에도 종일 모시고 서서, 앉으라고 명하지 않으면 감히 앉지 않았다. 매일 반드시 갓과 띠를 갖추고 어른을 뵈었으며, 평소에 비록 몹시 덥더라도 부모와 어른 곁에 있을 때는 두건·버선·행전과 바지를 벗지 않고, 의복이 흐트러지지 않도록 조심하였다. 걸어 다니고 출입할 때 찻집과 술집에 들어가지 않았고, 시장이나 거리의 말과 정나라·위나라의 음악을 일찍이 한 번도 귀를 스치지 않았으며, 바르지 않은 글과 예절에 어긋난 모습을 일찍이 한 번도 눈에 접하지 않았다. (『소학』「선행편」)

31. 人子有敎 인자유교

자식은 반드시 가르쳐야 한다

太公曰 男子失敎 長必頑愚 女子失敎 長必麤疎
태공왈 남자실교 장필완우 여자실교 장필추소

태공이 말하였다. "남자가 가르침을 잃으면 어른이 되면 반드시 완고하고 어리석고, 여자가 가르침을 잃으면 어른이 되면 반드시 거칠고 솜씨가 없다."

전통교육에서는 사람다운 사람을 만들기 위하여 어릴 때는 『소학』을 통해서 기본적인 예절을 가르쳤고, 성장해서는 『대학』을 통해 사람이 무엇 때문에 살아야 하는지를 알게 했다. 먼저 『소학』에서는 나이별로 배워야 할 과목을 정해 놓았다.

여섯 살이 되거든 숫자와 방위의 명칭을 가르친다. 여덟 살이 되거든 문을 출입하고 자리에 나아가고 음식을 먹음에 반드시 어른보다 뒤에 하여 비로소 겸양을 가르친다. 아홉 살이 되거든 날짜 세는 것을 가르친다. 열 살이 되거든 바깥 스승에게 나아가 바깥에서 거처하고 잠자며, 육서와 계산을 배우며, 옷은 저고리와 비단으로 하지 않으며, 예절은 기초를 따르며, 아침저녁에 어린이의 예의를 배우되 간략하고 진실한 것을 청하여 익힌다. 열세 살이 되거든 음악을 배우고 시를 외우며, 노래에 맞추어 춤을 춘다. 열다섯 살이 되거든 힘찬 노래에 맞춰 춤을 추며, 활쏘기와 말타기를 배운다. 스무 살이 되거든 관례를 하여 비로소 예를 배우며, 갖옷과 비단옷을 입으며, 효도와 공경을 돈독히 행하며, 배우기를 널리 하고 가르치지 않으며, 안에 아름다움을 쌓아 두고 표현하지 않는다.(『소학』「입교편」)

『대학』에서는 사람이 배워야 하는 이유를 삼강령(三綱領)과 팔조목(八條目)으로 제시한다. 삼강령은 세 가지 근간, 명명덕(明明德)·신민(新民)·지어지선(止於至善)이다. 명명덕은 밝은 덕, 즉 자신에게 부여된 본성을 길러 밝게 드러나도록 하는 것이고, 신민은 스스로 덕을 밝힌 다음에 백성들도 덕을 밝혀 새 사람이 되게 하는 것이고, 지어지선은 선한 본성을 잘 지키며 살도록 하는 것이다.

삼강령을 이루어 가는 여덟 가지 실천 과정이 '팔조목'이다. 격물(格物)·치지(致知)·성의(誠意)·정심(正心)·수신(修身)·제가(齊家)·치국(治國)·평천하(平天下)이다. 격물치지는 사물의 원리를 연구하여 지혜를 완성하는 것이다. 부모는 자식을 사랑하고, 자식은 부모에게 효도하고, 친구 간에는 믿음이 있는 것 등이다. 그렇게 하면 그 뜻이 정성스러워지고(성의), 마음이 바르게 되고(정심), 몸과 마음이 닦여지고(수신), 집이 잘 다스려지고(제가), 나라가 다스려지고(치국), 마침내 온 세상에 평화가 찾아온다(평천하).

비록 여덟 가지 단계로 나누어져 있지만 시작은 격물 즉 사물의 원리를 연구하여 깨닫는 데서 비롯한다.

32. 忠孝無窮 충효무궁

충과 효는 끝이 없다

景行錄云 寶貨 用之有盡 忠孝 享之無窮
경행록운 보화 용지유진 충효 향지무궁

『경행록』에 말하였다. 재물은 쓰면 없어지게 되지만 충과 효의 효능은 끝이 없다.

재물은 쓰면 끝이 있지만, 자신을 향한 참된 마음과 대상을 향한 진실 된 마음은 아무리 써도 끝이 없다. 오히려 쓰면 쓸수록 더욱 빛이 난다. 물질은 한계가 있기 때문에 쓰다 보면 끝이 있게 마련이고, 정신적인 가치인 충과 효는 아무리 써도 한계가 없는 것이다.

충(忠)이라는 글자는 가운데 있는 마음, 즉 진실 된 마음을 의미한다. 효(孝)라는 글자는 자식이 늙은 부모에게 정성을 다한다는 뜻이다. 이로써 보면 만약 내 속 마음이 진실 되지 못하면 부모를 향한 정성도 참되지 못할 것이다. 따라서 중요한 것은 내 마음을 진실 되게 하고 그 마음에 따라 행동하는 것이다.

공자는 속(가운데) 마음이 진실 된 상태를 인(仁)이라고 했다. 공자는 제자들이 인의 의미를 각자의 수준에서 잘 이해하고 실천할 수 있도록 다양하게 설명하였다. 불교식으로 하자면 대기설법(對機說法)

이다. 그래서 학문의 수준이 낮은 번지에게는 인을 '사람을 사랑하는 것'이라고 하였고, 학문의 수준이 높은 안연에게는 '자신의 욕심을 이기고 예를 회복하는 것'이라고 하였다. 번지에게는 인의 의미를 쉽게 설명했지만 번지는 알아듣지 못했고, 안연은 어렵게 설명해도 알아듣고, 거기에다가 인을 실천하기가 어렵다는 것을 이해하고 실천 방법도 공자에게 질문한다. 공자의 답변이 '네 가지를 하지 말라'(四勿箴)는 것이었다. '예가 아니면 보지 말고, 예가 아니면 듣지 말고, 예가 아니면 말하지 말고, 예가 아니면 움직이지 말라(非禮勿視 非禮勿聽 非禮勿言 非禮勿動)'는 것이다. 공자는 인간이 가지고 있는 감각기관의 기능을 믿지 못했다. 그래서 예를 통해서 감각기관의 조절이 필요하다고 말했던 것이다.

　송나라 정이천 선생은 '네 가지 하지 말라'는 공자의 가르침을 구체호하는 글을 지어 후학들이 감각기관을 조절할 수 있는 길을 제시하였다. 첫째, 시잠(視箴), 볼 때는 '그냥 두면 바깥의 사물이 나를 끌고 가 버리니, 볼 때 조심하여 마음을 편안하게 하라'고 하였고, 둘째, 청잠(聽箴), 들을 때는 '욕심 때문에 흔들리니 그칠 곳을 알아 마음의 안정을 이루라'고 했다. 셋째, 언잠(言箴), 말할 때는 '말을 많이 하지 말고, 너무 어렵게도 하지 말아서 가는 말이 고와야 오는 말이 곱다는 것을 항상 명심하라'고 했고, 넷째 동잠(動箴), 움직일 때는 '천리를 따르면 여유가 있고, 욕심을 따르면 위험하니, 잠깐의 경우라도 천리를 생각해서 움직이고, 늘 조심하여 자신의 마음을 지켜라'고 하였다. (『논어』「안연」)

33. 言多語失 언다어실
말이 많으면 실수도 많다

父不憂心 因子孝 夫無煩惱 是妻賢 言多語失 皆因酒
부불우심 인자효 부무번뇌 시처현 언다어실 개인주
義斷親疏 只爲錢
의단친소 지위전

아버지가 마음에 걱정이 없는 것은 자식의 효도 때문이요, 남편이 번뇌가 없는 것은 아내가 어질기 때문이다. 말이 많아지고 말에 실수가 생기는 것은 모두 술 때문이요, 의리가 끊어지고 친한 사이가 멀어지는 것은 단지 돈 때문이다.

사람이 살면서 마음에 걱정이 없을 수는 없다. 다만 걱정을 줄일 수 있어야 하는데, 그 방법이 위에서 말하는 효도와 현명함이다. 효도는 부모를 섬기는 것인데 어떻게 섬기는 것이 참된 것일까? 공자는 『논어』에서 다음과 같이 말하고 있다.

부모를 섬길 때 은미하게 말씀드려야 하니, 부모의 뜻이 내 말을 따르지 않더라도 더욱 공경하고 어기지 않으며, 수고로워도 원망하지 않아야 한다. (『논어』「이인」)

자식이 의견을 말했을 때 부모님이 내 의견을 잘 받아주면 좋지만, 받아주지 않았을 때 문제가 생긴다. 공자님은 그럴 때 더욱 공경히 처신하여, 부모님의 뜻을 어기지 말고, 원망하지 말라고 한다. 참으로 실천하기 어려운 일이다. 공자님 말씀대로 할 수 있는 사람이라면 무슨 일을 하든, 어느 위치에 있든 걱정하지 않아도 될 것이다. 모든 일을 자기중심이 아니라 상대방을 배려할 것이기 때문이다.

성인들은 대개 술을 마시지 말라고 했다. 그런데 공자님은 술을 마시기는 하되, 어지러운 지경까지는 가지 말라고 했다. 처음에는 술을 마시라고 해서 다른 성인들과 달라서 좋아했는데 공자님 말씀을 실천하기가 더 어렵다는 것을 알게 되었다. 조선의 성리학자 퇴계는 여색을 경계하면서 "의정부의 사인으로 있을 때 노래하는 기생이 눈앞에 가득히 있는 자리에서 문득 한 가닥 기쁘고 즐거운 마음이 생긴 적이 있다. 이러한 마음의 조그마한 죄 지음이 곧 학자로서 삶과 죽음의 갈림길이다. 사람의 마음은 어지러이 빛나고 시끄럽게 날뛰는 가운데 쉽게 남에게 이끌리는 것"이라고 하였다.

술에 관한 일화도 있다. 퇴계는 숙부 송재공이 안동부사로 계실 때 따라가서 안동 관아에 머물고 있었다. 하루는 사냥을 나갔다가 술에 취하여 말에서 떨어졌다. 퇴계는 훗날 이를 회고하며 "지금 생각해도 부끄러운 마음이 어제 일과 같아서 술을 경계하는 생각을 잠시도 잊지 않고 있다(정순목 지음, 『퇴계 평전』)."고 하였다.

퇴계 선생은 남들은 그냥 넘길 실수를 다시는 되풀이하지 않으려고 영세불망(永世不忘)하였다.

34. 人有所養 인유소양
사람은 길러야 쓸모 있다

景行錄云 木有所養 則根本固而枝葉茂 棟梁之材成
경행록운 목유소양 즉근본고이지엽무 동양지재성
水有所養 則泉源壯而流派長 灌漑之利博 人有所養
수유소양 즉천원장이류파장 관개지리박 인유소양
則志氣大而識見明 忠義之士出 可不養哉
즉지기대이식견명 충의지사출 가불양재

『경행록』에 말하였다. "나무를 잘 기르면 뿌리가 튼튼해지고 잎이 무성해져서 동량의 재목이 되고, 물을 잘 기르면 샘의 원천이 씩씩해지고 물의 흐름이 장대해져서 물을 대는 이로움이 넓어지고, 사람을 잘 기르면 뜻과 기운이 커지고 앎이 밝아져서 정의로운 선비가 나오니, 어찌 기르지 않겠는가?"

몇 년 전에 밭에 대봉 감나무 세 그루, 꾸지뽕 나무 두 그루 등을 심었더니, 삼 년이 지난 다음에 맛있는 열매를 얻게 되었다. 큰 기대를 하지 않았는데 뜻밖의 선물을 받은 느낌이었다. 물도 마찬가지다. 졸졸 흐르는 물을 모아서 연못을 만들었더니 논에 물을 공급하여 벼를 자라게 한다. 그 결과 가을이 되면 황금물결을 이루고 기쁨 속에 수확하게 된다. 그렇게 해서 사람은 밥을 먹고 살아간다. 모두 사람의 노력이 없으면 안 되지만, 그래도 기대하지 않았던 선물을 받은 기분이었다. 사람도 마찬가지다. 아무 생각 없이 성장하면 평범하게 살다가 사라지겠지만 귀중한 인연을 만나서 자신을 잘 기르게 되면 역사에 큰일을 하게 되고 자신의 이름도 남기게 된다.

조선시대의 선비 류성룡 선생(1542-1607)은 퇴계 선생을 만나서 가르침을 잘 받아 자신을 훌륭하게 다듬어 나라의 큰 기둥이 된다. 선생은 공부의 소중함을 자손들에게 다음과 같이 말하고 있다; "나는 과거 공부를 하면서 합격하는 길로 통하는 문을 살핀 일이 없다. 다만 경서를 연구하는 학문은 비록 얻는 것이 없다 하더라도 평생토록 아끼며 귀중하게 여기고 있으니, 너희들도 과거 공부를 잠시 접어두고 『논어』・『맹자』・『대학』・『중용』을 가져다가 정밀하게 사색하고 익숙하게 읽어서 자기의 것이 되도록 한다면 안목은 저절로 높아지고 마음도 저절로 넓어질 것이니, 기타의 보잘 것 없는 것들이야 힘들이지 않고도 할 수가 있을 것이다. 태산에 오르고 나면 모든 산들이 언덕과 개미둑처럼 작아 보이는 것을 알 수 있으니 부디 노력하기 바란다(유성룡 지음, 『서애집』)"

류성룡이 퇴계 선생에게 배운 『논어』・『맹자』・『대학』・『중용』을 정리하여 후학들이 공부하기 쉽게 만든 사람은 주자(1130-1200)이다. 주자는 위 책들을 평생 연구하여 『사서집주』를 펴냈다. 이 책의 핵심은 '하학이상달(下學而上達)'이다. '상달' 즉 심오한 진리를 깨우치기 위해선 '하학' 즉 평범한 일상의 배움을 계속한다는 것이다. 퇴계 선생이 말년에 도산으로 은퇴하여 공부한 것은 주자의 가르침이었다. 진리는 멀리 있지 않고 '효제(孝弟)' 즉 '부모에게 효도하고 어른을 공경하는 그 마음'에 있다는 것이었다.

35. 心不可料 심불가료

마음은 헤아리기 어렵다

諷諫云 水底魚 天邊雁 高可射兮 低可釣
풍 간 운 수 저 어 천 변 안 고 가 사 혜 저 가 조
惟有人心咫尺間 咫尺人心不可料
유 유 인 심 지 척 간 지 척 인 심 불 가 료

풍간에서 말하였다. "물에는 물고기가 하늘에는 기러기가 살고 있는데, 높이 있는 기러기는 활을 쏘아 잡을 수 있고, 물밑에 사는 물고기는 낚시로 잡을 수 있다. 오직 사람의 마음은 가까이 있는데, 가까이 있는 마음은 붙잡기 어렵다."

풍간(諷諫)은 완곡한 표현으로 타일러 말하는 것이다. 새(기러기)는 하늘을 날아도 화살로 잡고, 물고기는 물속을 헤엄쳐도 낚시로 잡을 수 있지만 바로 내 안에 있는 마음은 붙잡기(통제하기) 어렵다는 것이다. 물고기와 기러기는 형상이 있기 때문에 도구로 잡을 수 있지만, 마음은 형상이 없기 때문에 붙잡는 것이 쉽지 않다. 그래서 예부터 형상 없는 마음을 붙잡아 안정시키기 위해 성현들이 많은 글을 남겼다.

공자는 마음이 무엇인지 직접 표현하지 않고 실제 생활 속에서 마음을 붙잡는 것이 얼마나 어려운지 다음과 같이 말하고 있다.

뜻 있는 선비와 어진 사람은 즉 마음을 붙잡은 사람은 자신이 살기 위해 인(仁:양심)을 버리지 않고, 대신에 자신의 욕심을 죽여서 인(양심)을 완성한다고 하였다. 인의 가치 즉 양심을 실현하고자 하는 공자의 열정을 엿볼 수 있다. (『논어』「위령공」)

맹자는 마음을 직접 표현하고, 마음을 붙잡는 법까지 상세하게 설명한다. 맹자는 어린아이가 우물에 빠지는 순간에 모든 사람은 어린아이를 구하려고 하는 마음을 드러낸다고 하였다. 이런 마음은 남에게 잘 보이기 위한 계산된 마음이 아니기 때문에 마음이 본래 착하다는 증표라고 하였다. 그러나 맹자가 살던 전국시대는 폭력이 횡행하였기 때문에 이런 본래의 선한 마음을 잃어버린 지 오래되었다. 그래서 맹자는 학문은 전문적인 이론을 배우고 익히는 것이 아니고, 잃어버린 선한 마음을 다시 찾는 것이라고 하였다.

맹자는 선한 마음을 되찾는 4단계의 과정을 제시하였다. 1단계는 무조건 마음을 기르는 일을 시작하라는 것이다. 참선을 하든지, 호흡을 하든지, 주문을 외우든지, 어떤 방법이든 마음을 기르는 데 도움이 되는 과정을 시작하는 것이다. 2단계는 마음을 기르는 과정을 시작했으면 빠른 시간 안에 효과를 보려고 조급해 하지 말아야 한다. 조금 하다가 진전이 없으면 의심하거나 중도에 그만두기 십상인데, 이를 극복하고 계속해 나가야 한다는 것이다. 3단계는 빨리 효과를 보려는 그 마음을 그치라고 하면 사람들은 아예 관심을 끊어버리는데, 포기하지 말고 계속 마음을 기르는 공부를 해 나가라고 하였다. 4단계는 계속 마음을 기르는 일을 하고 있지만 그래도 자신이 원하는 단계까지 도달하지 못하면 결국은 거짓으로 상대를 속이게 된다. 이렇게 하면 자기도 죽고 자신을 따르는 무리도 함께 죽는다. 이렇게 되지 않기 위해서는 지금 자신이 도달한 단계를 있는 그대로 보여줄 필요가 있다. (『맹자』 「공손추 상」)

 이런 4단계 공부 과정은 송대(宋代)의 학자들이 '경공부(敬工夫)'라고 하는 것을 설명한 것이다. 그것을 한마디로 하면 '주일무적(主一無適)'이 된다. 이것은 하나에 몰입하여 다른 곳에 관심을 기울이지 않고 마음을 붙잡을 때까지 밀고 나가는 고도의 집중력이 요구되는 방법이다.

36. 便見相離別 변견상이별
한쪽 말만 들으면 서로 멀어진다

若聽一面說 便見相離別
약 청 일 면 설 변 견 상 이 별

만약 한쪽의 말만 들으면 곧 서로 헤어지게 된다.

사람 사이에 갈등이 생기면 양쪽의 말을 모두 들어 보아야지, 한쪽의 말만 듣고 결론을 내리면 잘못된 판단을 하게 된다.

양쪽의 말을 들을 때도 신중해야 한다. 우선 선입견을 내려놓고 상대방이 말하는 바를 그대로 들어야 한다. 달리 말하면 '마음을 비운다'는 것이다. 마음을 비우는 좋은 방법 중이 명상이다. 호흡을 깊고 길게 하거나 숫자에 집중하여 감정에 치우친 마음을 고요하게 하면 마음이 맑고 깨끗해진다. 이렇게 되면 말하는 그대로를 들을 수 있게 된다. 이것을 장자는 '심재(心齋; 마음을 재계함)'라고 했다. 장자는 공자와 안회의 문답을 통해 심재의 의미를 설명한다.

안회는 말한다. "부디 심재에 대해 가르쳐 주십시오." 공자가 대답했다. "너는 잡념을 없애고 마음을 통일하라. 귀로 듣지 말고 마음으로 듣고, 마음으로 듣지 말고 기(氣)로 들어라. 귀는 소리를 들을 뿐이고,

마음은 밖에서 들어온 것에 맞추어 깨달을 뿐이지만, 기란 텅 비워 무엇이나 다 받아들인다. 그리고 참된 도는 오직 텅 비어야 모인다. 이 텅 빈 것이 곧 심재이다."(『장자』「인간세」)

안회는 마음속에 잡념이 너무 많아서 사람을 감화시킬 수가 없었다. 그래서 공자에게 상대를 감화시키는 힘을 얻으려면 어떻게 하면 되는지를 물었다. 그때 공자는 '심재'를 제시했다. 먼저 잡념을 없애고 통일한 다음에 귀로 듣지 말라고 했다. 귀는 소리를 들을 뿐 알맹이는 듣지 못하기 때문이다. 다음으로 처음에는 마음으로 들으라고 한 뒤, 다시 마음으로 듣지 말라고 했다. 처음에 말한 마음은 '소리'가 아닌 '속 뜻'을 헤아리는 것이고, 다음에 말한 마음은 본래의 청정한 마음을 가리는 잡념이 끼어들 여지가 많은 일상의 마음이다.

공자는 이 일상의 마음을 걷어내고, '기'로 들어야 한다고 말한다. 기(氣)는 텅 비어 있기 때문에 모든 것을 있는 그대로 받아들인다. 바로 이런 상태로 상대를 마주하고 대화하다 보면 상대방은 자연 감화를 받아서 원만한 결론에 도달하게 된다.

안회는 공자의 이야기를 듣고 깨달음이 있었는지 "선생님 제가 지금 마음이 텅 비워진 것 같습니다. 이것이 전부입니까?"라고 물었다. 공자는 "충분하다."고 대답했다. 그러면서 공자는 친절하게도 다음 이야기를 덧붙였다; "네가 위나라에 들어가면 그 옹색한 속박의 세계에서 벗어나서 명예 따위에 마음이 흔들려서는 안 된다. 네 말을 들어주면 하고, 안 들어주면 그만 두어라. 너의 마음에 출입문을 세우지 말고, 성벽도 쌓지 말며, 마음의 거처를 일정하게 하여 부득이할 때만 응하도록 하면 그런대로 무난할 것이다."

공자의 이 말은 "네가 원하는 것을 얻으려면 마음을 텅 비워 자유롭게 살되, 너무 급하게 대응하지 말고 마치 못이기는 듯이 하면 네가 원하는 것을 얻을 수 있을 것"이라는 뜻이다.

정보의 홍수 속에 서로의 말과 마음이 어긋나기 일쑤인 복잡한 현대 사회를 살아가는 오늘의 우리에게 장자의 가르침은 귀한 삶의 지침이 된다.

37. 有麝自然香 유사자연향
공력이 있으면 저절로 드러난다

有麝自然香 何必當風立
유 사 자 연 향 하 필 당 풍 립

사향을 가지고 있으면 자연스럽게 향기를 풍기니, 어찌 반드시 바람을 향하여 설 필요가 있겠는가.

사향은 사향노루 수컷의 배꼽과 불두덩을 싸고 있는 주머니(향낭)를 쪼개서 말린 향기 나는 향료이다. 냄새를 강하게 풍기며 한약으로 많이 쓰인다. 사향노루는 몸에 향낭이 있기 때문에 가만히 있어도 향기가 저절로 풍긴다. 굳이 바람을 이용해서 향기를 전파하려 애쓸 필요가 없다. 사람도 마찬가지다. 학문이 높거나 수양이 깊으면 자기 입으로 자랑을 하지 않아도, 공부를 통해 쌓인 인품의 향기가 언행을 통해 자연스레 사람들에게 풍기게 된다.

퇴계 선생은 서울에서 벼슬을 하면서도 늘 만족하지 않았다. 자신은 서울에서 벼슬할 사람이 아니라 고향에 돌아가서 젊은 날 과거공부 하느라 못다 한 주자의 학문을 더 깊이 연구해야 한다고 생각했기 때문이다. 그래서 마흔 살 이후로는 고향인 안동 근처 풍기나 영주의 고을을 다스리는 벼슬을 하면서 자신이 하고 싶은 공부에 매진했다. 그 결과물 중 하나가 선조에게 올린 『성학십도(聖學十圖)』이다. 성인이 되려면 익혀야 되는 덕목의 공부 과정과 원리를 열 가지 그림(圖像)으로 표현한 것이다. 10개의 그림이지만 크게 세 부분으로 나눌 수 있다. 첫째, 사람은 하늘로부터 순수한 본성을 받고 태어났다는 것, 이 순수한 본성을 태극(太極) 혹은 천리(天理)라고 한다는 것을 말하는 내용이다. 둘째, 살다 보면 순수한 본성을 잃어버리고 착하게 살지 못하고 악하게 살고 있는 자신을 발견하게 된다는 내용이다. 셋째, 분발하여 잃어버린 본성을 회복하는 공부를 시작한다는 내용이다.

이 중 세 번째 내용이 『성학십도』의 핵심인데 그때 공부하는 방법이 바로 '경(敬)'이다. 경이란 늘 정신을 깨어 있게 하는 것이다. 이 상태에서 유교 경전을 공부하고 일상생활을 하는 것이다. 그런데 늘 경의 상태로 산다는 것은 쉽지 않은 일이다. 퇴계 선생도 주자의 책을 통해서 경의 내용은 접했지만 실제로 어떻게 하는지는 알 수가 없었다. 수많은 시행착오를 거치면서 자신이 직접 체험한 내용을 후학들을 위해 책으로 남겨 놓았다. 그 책이 바로 『자성록(自省錄)』이다. 퇴계 선생이 제자들의 질문에 답변한 내용을 모은 것이다. 몇 가지 내용을 보면 공부는 어떻게 하는 것인지 알 수 있을 것이다.

하나는 다만 경(敬)으로써 본심을 잃어버리지 말며, 함양을 깊고 두텁게 함으로써 응접함에 있어서 가볍고 쉽게 여기거나 함부로 지나치지 않게 하여야 하니, 오래도록 하여 점점 익숙한 경지에 도달할 것 같으면 자연히 이미 잃어버리는 것이 없게 되고, 사람을 응접함이 절도에 맞을 것입니다. (『자성록』「정자중에게 답한 글」)

둘은 평소의 사사로운 생각으로 억지로 찾고 헤아리며 나누는 습관을 모두 쓸어버리고, 다만 성현이 인(仁)과 지(知)를 말한 곳에 나아가 마음을 비우고 기운을 고르게 하여, 숙독하고 정밀히 생각하며 반복 체험 하여야 합니다. … 또한 여러 가지 말을 참고하여 미루어 그 취지를 다하고 익혀 일상생활에서 그 실질을 실천하면 이것이 곧 경(敬)하여 마음을 보존하고, 정밀히 히여 글을 읽는 입입니다. (『자성록』「권초문에게 답한 글」)

38. 交必擇友 교필택우

함께할 벗은 가려서 사귀어라

神宗皇帝御製曰 遠非道之財 戒過度之酒
신종황제어제왈 원비도지재 계과도지주
居必擇隣 交必擇友 嫉妬 勿起於心 讒言 勿宣於口
거필택린 교필택우 질투 물기어심 참언 물선어구
骨肉貧者 莫疎 他人富者 莫厚 克己 以勤儉爲先
골육빈자 막소 타인부자 막후 극기 이근검위선
愛衆 以謙和爲首 常思已往之非 每念未來之咎
애중 이겸화위수 상사이왕지비 매념미래지구
若依朕之斯言 治國家而可久
약의짐지사언 치국가이가구

신종황제어제에서 말하였다. "도리가 아닌 재물은 멀리하고, 지나친 술은 조심하고, 거처함에는 반드시 이웃을 가리고, 친구를 사귈 때도 반드시 가리고, 질투는 마음에 일으키지 말고, 남을 헐뜯는 말은 입에 하지 말고, 친척 중에 가난한 사람은 멀리하지 말고, 부자인 사람은 잘해 주지 말고, 자기를 이기는 것은 부지런함과 검소함을 우선으로 하고, 대중을 사랑함은 겸손과 조화를 우선으로 하고, 항상 지나간 잘못을 생각하고, 늘 미래의 허물을 생각하라. 나의 이 말대로 하면 나라를 잘 다스려 오래 유지될 것이다."

신종 황제(神宗, 1048-1085)는 중국 북송의 황제이다. 왕안석을 등용하여 개혁을 추진했지만 뚜렷한 성과를 이루지 못하고 37세 젊은 나이에 죽었다. 남긴 말씀대로 살았더라면 많은 업적을 남겼을 것 같은데 역사의 평가는 달라서 아쉽다. 신종 황제 말씀 중에서 주목하게 되는 것이 '친구를 사귈 때 가리라'는 것이다. 글자 그대로 보면 '친구(親舊)'는 가까이 지내며 오래 사귄 사람이란 뜻이다. 대부분 이런 의미로 알고 있지만, 내가 소개할 친구는 『논어』라는 책이다.

『논어』를 처음 만난 것은 대학교 1학년 수업시간 때다. 전공이 동양철학이라 한문 독해력은 필수였다. 그래서 '사서(四書)'를 읽으면서 『논어』를 처음 만났다. 처음에는 무슨 뜻인지도 모르고 읽었지만 읽으면 읽을수록 『논어』는 나에게 새롭게 다가왔다. 그중에서 늘 머릿속을 맴도는 구절 중 하나가 '덕불고 필유린(德不孤 必有隣)'이다. "덕이 있으면 외롭지 않다. 반드시 이웃이 있다."는 의미이다. 해석은 쉽게 할 수 있지만 깊은 뜻을 깨닫기는 쉽지 않았다.

2002년에, 영산대학교에 부임하여 『논어』를 가르치게 되었다. 어느 날 문득 『논어』 수업을 마치고 연구실로 가는 데 위 구절이 마음에 떠올랐다. 그동안 이해되지 않았던 '덕(德)'의 의미가 풀렸다. 결론은 나에게는 덕이 부족하다는 것이었다. 덕이 넉넉하다면 주위에 사람들이 있어야 하는데, 그때 나를 돌아보니 방금 수업을 마치고 나오는데도 학생들 가운데 누구도 따라와서 질문하는 학생들이 없었다. 거꾸로 내 학창시절을 돌아보면 나는 늘 지도교수(이기동 교수)가 수업을 마쳤는데도 나는 자리를 쉽게 떠나지 못하고 주위를 맴돌았던 기억이 있다. 교수님의 덕이 나를 끌어서 그렇게 주위를 맴돌게 했던 것이다. 덕이라는 것이 이런 거구나! 그날 이후로 『논어』는 나를 깨우치고 바로잡아 주는 친구로 더욱 친근하게 다가왔다.

39. 智小謀大 지소모대
작은 지혜로 큰일은 도모하면 화를 부른다

易曰 德微而位尊 智小而謀大 無禍者鮮矣
역왈 덕미이위존 지소이모대 무화자선의

『주역』에서 말하였다. "덕은 적은데 지위가 높으며, 지혜는 작으면서 도모하는 것이 크면 재앙을 받지 않을 사람 거의 없다."

덕은 올바른 행동을 실천하여 자기 마음을 정의로운 기운으로 가득 채워 세상을 포용하는 힘이다. 맹자는 이런 기운을 '호연지기(浩然之氣)'라 했다. 『맹자』에 나오는 내용은 다음과 같다.

공손추가 "선생님 제나라의 높은 벼슬에 올라 진리를 실천하신다면 반드시 큰일을 이루실 것인데 이럴 때 선생님의 마음은 동요되시지 않겠습니까?"라고 묻자 맹자가 "아니다 나는 마흔 살에 마음이 동요되지 않았다."고 대답하였다. 공손추가 '마음이 동요되지 않도록 하는 방법'을 묻자 맹자는 "호연지기를 기르면 마음이 동요되지 않는다."고 하였다. 다시 "호연지기란 무엇입니까?" 하고 묻자, 맹자는 "무엇이라고 정의하기 어렵지만 그래도 굳이 말하면 지극히 크고 지극히 강하니, 올바르게 잘 길러서 해침이 없으면 하늘과 땅을 가득 채우는 것이다."라고 대답하였다.

공손추는 계속 질문한다. "선생님 하늘과 땅을 가득 채우는 '호연지기'를 자신의 것으로 하고 싶은데 어떻게 하면 됩니까?" 맹자는 "반드시 호연지기를 기르는 일을 실천하되, 효과를 미리 기대하지도 말고, 마음에 호연지기를 기르는 일을 잊지도 말고, 억지로 키우려고도 하지 말아서 송나라 사람처럼 하지 않으면 된다."고 하였다.

맹자는 호연지기를 기르는 법을 네 가지로 설명한다. 첫째, '호연지기'를 키우라고 하였다. 올바른 일을 지속적으로 실천하면 '호연지기'가 자기 것이 된다. 그것은 쉬운 일이 아니다. 중간에 꼭 유혹이 일어나 그만두거나 어기게 된다. 유혹을 물리치려면 중심을 잡아야 한다.

둘째, 효과를 미리 기대하지 말라고 하였다. 대부분의 사람들은 노력은 적게 하고 기대하는 바가 크다. 그래서 조금 노력해 놓고 결과를 기대하며, 그 성과가 크지 않으면 실망하고 돌아서기 십상이다. 자기 객관화가 잘 안 된 사람이다. 그 장애를 넘어서야 한다.

셋째, '호연지기'를 기르는 일을 잊지 말라고 하였다. 결과가 잘 보이지 않아도 포기하지 말고 계속 나아가라는 것이다.

넷째, 계속 정진해도 효과가 보이지 않으면 무리한 행동을 해서 몸을 상하게 한다. 이것은 송나라 농부가 방금 논에 심은 '묘(苗:벼 이삭)'를 보고 빨리 자라게 돕는답시고 '묘'를 뽑아올리는 행동, 즉 조장(助長)하는 것이다. 이렇게 하면 결국 '묘'는 말라서 죽고 만다. '호연지기'를 기르는 일도 똑같다. 급하게 성과를 보려고 하지 말고 정성을 다하다 보면 결실의 계절이 온다.

40. 愼終如始 신종여시

처음처럼 끝까지 조심하고 신중하라

說苑曰 官怠於宦成 病加於小愈 禍生於懈惰
설원왈 관태어환성 병가어소유 화생어해타
孝衰於妻子 察此四者 愼終如始
효쇠어처자 찰차사자 신종여시

『설원』에 말하였다. "벼슬살이는 지위가 높아진 데서 게을러지고, 병은 조금 낫는 데서 더해지며, 재앙은 게으른 데서 생기고, 효도는 처자에서 약해진다. 이 네 가지를 살펴서 끝맺음을 조심하여 처음과 같이 하라."

『설원(說苑)』은 한나라 때 유향((B.C 77-B.C 6)이 지은 책이다. 순임금과 우임금으로부터 진·한(秦漢)에 이르는 동안의 여러 인물의 언행이나 사건 또는 일화, 나아가 국가 흥망의 도리, 격언 등을 적절히 편집한 책이다. 유향은 역대 전적들을 교감하여 『별록』 20권을 저술하였으며, 그 밖에 『상서홍범오행전론』, 『신서』, 『설원』 등을 남겼다.

누구나 처음 일을 시작할 때는 열심히 하겠다고 마음을 먹지만 시간이 지나면 처음 결심은 느슨해지고 대충 보내는 시간이 많아진다. 큰 실수를 하지 않게 되지만 대신 좋은 결과나 큰 성과를 얻기는 힘들다. 위에서 유향이 하는 말은 좋은 결과를 얻으려면 네 가지 방면의 장애에 가로막히지 말고, 일관되게 성실히 나아가라는 것이다.

첫째, 벼슬하여 자신의 지위가 높아질수록 대부분의 사람은 거만해진다. 한 등급 높아질 때마다, 마음은 늘 처음 벼슬을 시작할 때 그 마음을 되찾아야 한다. 둘째는 병에 걸렸을 때는, 이 병만 나으면 앞으로는 바른 삶의 태도로 살겠다고 다짐하지만 병이 차도가 있으면, 곧 옛날의 습관으로 돌아간다. 그러면 반드시 병이 재발하고, 그때는 그전보다 훨씬 큰 대가를 치러야 한다. 셋째, 게으름을 경계하라는 것이다. 몸과 마음을 부지런히 움직이지 않으면 먼지가 쌓인다. 그렇게 되면 몸에는 병이 찾아오고, 마음은 혼탁해져 분별력이 떨어진다. 인상에서는 손해를 입고, 인생에 낭패를 당할 것이다.

끝으로 효도는 처와 자식 때문에 약해진다고 하였다. 처와 자식이 있어도 효도함에 장애를 받지 않았던 이가 순임금이다. 맹자는 "사람이 어릴 때에는 부모를 사모하고, 여색을 좋아할 줄 알면 젊고 아름다운 소녀를 사모하고, 처자가 있으면 처자를 사모하고, 벼슬하면 임금을 사모하고, 임금에게 뜻을 얻지 못하면 속이 탄다. 그러나 큰 효도는 종신토록 부모를 사모하니 50세가 되도록 부모를 사모한 사람을 나는 순임금에게서 보았노라."고 하였다.

부모를 향한 사랑, 즉 효도하기를 그만두지 말아야 하는 것은 우리의 뿌리가 부모이며, 그 자리가 곧 내 자리가 될 것이기 때문이다. 뿌리가 흔들리면 전체 나무는 시들시들 병든다. 인간도 마찬가지다. 부모를 사랑하는 마음, 그것을 드러내는 효도를 그만두지 않을 때, 우리 자신도 행복해진다는 것은 만고의 진리이다.

41. 明智涉難 명지섭난

지혜는 어려움을 이기게 한다

益智書云 白玉 投於泥塗 不能汚穢其色 君子
익지서운 백옥 투어니도 불능오예기색 군자
行於濁地 不能染亂其心 故 松柏 可以耐雪霜 明智
행어탁지 불능염난기심 고 송백 가이내설상 명지
可以涉危難
가이섭위난

『익지서』에 말하였다. "흰 구슬을 진흙 속에 던져도 그 색깔을 더럽힐 수 없고, 군자는 혼탁한 곳에 살아도 그 마음을 더럽힐 수 없다. 그러므로 소나무와 잣나무는 서리와 이슬을 견딜 수 있고, 밝은 지혜는 위태로운 상황을 이길 수 있게 한다."

『익지서』는 송나라 때 처음 공부하는 사람들이 읽었던 책이지만 지금은 전하지 않는다. 다만 '지혜를 더하는 책'이라는 제목이나, 단편적으로 전하는 글들이 내용을 짐작할 수 있게 해 준다.

흰 구슬을 더러운 진흙 속에 던져도 흰 색깔을 변하게 할 수 없듯이 군자도 나쁜 환경에 있더라도 그 마음을 흔들리게 할 수 없다. 그 까닭은, 군자가 되기까지 많은 공부를 했기 때문이다. 공부의 내용은 크게 두 가지이다. 하나는 책을 많이 읽는 것이다. 책은 문학·역사·철학(文史哲)에 걸쳐 두루 읽어야 하는데『고문진보』『통감절

요』나 '사서오경' 등이 그것이다. 이런 책을 읽음으로써 사람의 마음과 본성이 본래 착하다는 것을 터득하게 되고, 착한 마음과 본성에서 나온 시와 문학작품을 읽음으로써 착한 마음을 지키고 키울 수 있게 된다. 이런 마음으로 살아간 사람들이 역사에서 순간은 패배할 수 있지만 결국은 승리한다는 사실도 깨닫게 된다.

두 번째 공부는 마음을 단련하는 공부이다. 선비들은 조용히 앉아서 자신의 마음을 관찰하는 '정좌(靜坐)' 공부를 많이 했다. 조용히 앉아서 최근에 읽은 책의 내용을 음미하면 그 내용을 더 깊게 깨닫게 된다. 그렇게 되면 마음속에 책의 내용이 깊이 심어지고, 결국 행동으로 드러나게 된다. 말과 행동이 서로 어긋나지 않고 하나가 되도록 하는 것이 공부의 본령이다. 이런 두 가지 공부의 과정을 거치면 어떤 사람이 될까? 그 모습을 퇴계 선생에게서 엿볼 수 있다.

선생은 앉을 때는 매우 단정해서 손과 발을 움직이지 않았고 제자들과 마주할 때는 마치 존귀한 손님을 맞이한 듯하였기 때문에, 제자들이 모시고 앉았어도 감히 쳐다보지 못하였다. 그러나 제자들을 앞에 불러 글을 가르칠 때에는 화기가 감돌았다. 가르치고 깨우침은 다정하고 친절하여 처음부터 끝까지 환히 꿰뚫어 의심스럽고 모호한 곳이 없도록 하였다. (정순목 지음, 『퇴계 평전』)

조선 후기의 경주 사람 수운 최제우는 퇴계와는 다른 성격의 공부를 하게 된다. 양산 천성산에 올라가서 49일 기도를 하는데 그 결과 이루어진 모습을 제자 해월 최시형은 다음과 같이 말하고 있다.

우리 수운 선생께서는 정성에 능하고, 공경에 능하고, 믿음에 능하신 큰 성인이었다. 정성이 한울에 이르러 天命(천명: 한울님이 부여한 사명)을 계승하시었고, 공경이 한울에 이르러 조용히 天語(천어: 한울님의 말씀·가르침)를 들었고, 믿음이 한울에 이르러 默契(묵계: 말하지 않아도 뜻이 서로 맞음)가 한울과 합하셨으니, 여기에 큰 성인이 되신 것이다. (『해월신사법설』「성경신」)

해월 선생은 직접 말과 행동을 일치시켜야 하는 이치를 설법하기도 하였다.

말은 행할 것을 돌아보고 행동은 말한 것을 돌아보아, 말과 행동을 한결같이 하라. 말과 행동이 서로 어기면 마음과 한울이 서로 떨어지고, 마음과 한울이 서로 떨어지면 비록 해가 다하고 세상이 꺼질지라도 성현의 지위에 들어가기가 어려우니라. (『해월신사법설』「대인접물」)

퇴계와 수운, 해월은 공부법은 서로 달랐지만 말과 행동이 하나된 성인의 삶을 산 것은 같았다.

42. 爲政之要 위정지요
정치의 요체는 공평함과 청명함이다

景行錄云 爲政之要 曰公與淸 成家之道 曰儉與勤
경행록운 위정지요 왈공여청 성가지도 왈검여근

『경행록』에 말하였다. "정치의 핵심은 공평함과 청렴함이요, 집안을 경영하는 좋은 방도는 검소함과 부지런함이다."

정치, 즉 나라를 경영할 때 핵심 덕목은 모든 벼슬아치(공무원)가 공평하고 깨끗하며 검소해야 한다는 것이다. 한 사람이 일을 공평하고 청렴하게 처리하면 나라는 잘 다스려질 것이지만 그렇지 못하면 시민들이 불안하고 나아가 분노하여, 혁명(란)을 일으키게 된다.

맹자는 탕(湯)왕이 걸(桀)왕을 임금의 자리에서 내쫓고, 무(武)왕이 주(紂)왕을 임금의 자리에서 내쫓는 사건을 예로 들면서 왕도 정치를 잘못하면 자리를 빼앗긴다고 하였다. 나아가 정치를 잘못한 왕은 왕이 아니라 '일부(一夫)' 즉 한 평범한 사람에 불과하다고 하였다.

어떻게 하면 공평하고 깨끗한 정치를 할 수 있을까? 그 방법을 맹자는 '학문(學問)'이라고 답한다. 학문의 의미는 배우고 묻는 것이다. 무엇을 배우고 묻는가? 맹자는 사람들이 자기 마음의 본질을 찾는 길을 배우고 질문해야 하는데, 모두 돈이나 권력을 소유하는 것만 배우고 묻는다고 비판하였다. "사람들은 닭과 개가 집에서 도망가면 찾을 줄은 알지만 자기의 마음이 도망가면 찾을 줄 모른다."고 한 말이 그것이다. 맹자는 "배우고 묻는 학문의 길은 다른 것이 아니고, 도망간 마음을 다시 찾는 것(『맹자』「고자 상」)"이라고 하였다.

우리 마음은 순식간에 내달린다. 눈앞으로 미인이 지나가면 그를 따라 가고, 좋은 소리가 들리면 마음은 이미 그곳에 가 있다. 맹자는 잘 도망가는 눈·귀·코·입을 '소체(小體)'라 하고, 이것을 다잡아 지키는 것을 '대체(大體)'라고 하였다. 일반적으로 소체는 감각기관이라고 하고 대체는 마음이라 한다. 정상적이라면 항상 소체가 대체의 뜻에 따라야 하는데 대부분 사람은 이 관계가 거꾸로 되어 있다. 거꾸로 되어 있는 것은 불안하다. 하루빨리 바로 잡아야 한다.

맹자는 그 관계를 바로잡는 방법으로 '먼저 대체를 우뚝 세우면 된다'고 하였다. 즉 마음을 먼저 확실하게 세우고 묻기를 거듭하여, 그 마음을 찾아 나가면 되는 것이다. 그런데 대체, 즉 마음은 눈에 보이지 않고 귀에 들리지 않는 것이다. 그래서 찾기가 어렵다. 이때 마음을 바로 세우는 방법이 바로 '경(敬)'이요 달리 말하면 '주일무적(主一無適)'이다. 주일무적이란 "하나에 몰입하여 다른 것에 마음을 빼앗기지 않는 것"이다. 이 공부를 오래 하면 어느 날 문득 감각기관은 마음의 말을 잘 듣는 순한 양이 되어 있음을 알게 된다.

이것이 참된 삶의 길이요 우리가 배우고 물어서 몸에 익혀야 하는 것인데, 꼬리 즉 돈과 권력 같은 현실적인 이익만 붙잡으려 우왕좌왕하고 있으니 안타까울 뿐이다.

43. 朝夕視警 조석시경

아침저녁으로 스스로를 살피라

張思叔座右銘曰 凡語 必忠信 凡行 必篤敬 飮食
장 사 숙 좌 우 명 왈 범 어 필 충 신 범 행 필 독 경 음 식
必愼節 字劃 必楷正 容貌 必端莊 衣冠 必肅整 步履
필 신 절 자 획 필 해 정 용 모 필 단 장 의 관 필 숙 정 보 리
必安詳 居處 必正靜 作事 必謀 始 出 言 必顧行 常德
필 안 상 거 처 필 정 정 작 사 필 모 시 출 언 필 고 행 상 덕
必固持 然諾 必重應 見善如己出 見惡如己病 凡此十
필 고 지 연 악 필 중 응 견 선 여 기 출 견 악 여 기 병 범 차 십
四者 皆我未深省 書此當座隅 朝夕視爲警
사 자 개 아 미 심 성 서 차 당 좌 우 조 석 시 위 경

장사숙 좌우명에서 말하였다. "모든 말을 반드시 충성되고 미덥게 하며, 모든 행실을 반드시 돈독하고 공경하게 하며, 음식을 반드시 삼가고 알맞게 먹으며, 글씨를 반드시 반듯하고 바르게 쓰며, 용모를 반드시 단정하고 엄숙히 하며, 의관을 반드시 엄숙하고 바르게 하며, 걸음걸이를 반드시 편안하고 자상하게 하며, 거처하는 곳을 반드시 바르고 정숙하게 하며, 일하는 것을 반드시 계획을 세워 시작하며, 말을 하는 것을 반드시 그 실행 여부를 생각해서 하며, 평상의 덕을 반드시 굳게 가지며, 승낙하는 것을 반드시 신중하게 대응하며, 착한 일을 보거든 자기에게서 나온 것 같이하며, 나쁜 일을 보거든 자기의 병인 것처럼 하라. 무릇 이 열 네 가지는 모두 내가 아직 깊이 살피지 못한 것이다. 이것을 자리의 모퉁이에 써 붙여 놓고 아침저녁으로 보고 경계하노라."

장사숙은 북송의 학자로 정이천에게 배운 사람이다. 열네 가지 조항을 평소에 우리가 지켜야 할 덕목으로 꼽고 있다. 공자는 이런 삶의 방식을 '위기지학(爲己之學)'이라고 하였다. 자기 자신을 돌아보는 공부를 하여 마음에 덕(德)을 쌓아가는 과정이다. 마음에 덕이 가득 쌓이면 말하는 것, 공부하는 것, 먹는 것, 입는 것 등 모든 행동을 상황에 맞게 할 수 있게 된다.

그러므로 먼저 우리가 해야 할 공부는 욕심을 줄이고 양심을 채우는 공부이다. 공자는 그 방법으로 '극기복례(克己復禮)'를 제시하였다. '극기복례'란 우리가 각자의 욕심을 이기고 다른 사람이나 만물과도 조화롭게 지내는 행동양식을 몸에 익히는 것이다. 구체적으로는 "예가 아니면 보지 말고, 듣지 말고, 말하지 말고, 행동하지 말라."는 것이다. 예가 아닌 것을 보고, 듣고, 말하고 행하면 자기 본래의 청정심도 잃어버리고, 여기저기서 갈등을 일으키게 된다.

장사숙이 말한 열네 가지 행동양식도 예(禮)를 실천함으로써 자신의 마음에 덕을 가득히 쌓아 주변 사람 및 환경과 조화롭게 지내는 방법이다. 퇴계 선생은 당시 사람들이 '위기지학'의 공부는 하지 않고, 남에게 보여주기 위한 공부인 '위인지학(爲人之學)'을 하여, 권세와 허명(虛名, 명예)을 추구하는 당시 선비들의 공부 태도를 비판하였다.

퇴계는 또 맏손자에게 "착한 일을 보면 자기에게서 나온 것 같이 하며, 악한 일을 보면 자기의 병인 것처럼 하라"는 가르침의 글을 직접 써 주면서 평생 실천하라고 하였다.

44. 知所持身 지소지신

몸가짐을 어떻게 해야 할지 알라

童蒙訓 曰 當官之法 唯有三事 曰淸曰愼曰勤
동 몽 훈 왈 당 관 지 법 유 유 삼 사 왈 청 왈 신 왈 근
知此三者 知所以持身矣
지 차 삼 자 지 소 이 지 신 의

『동몽훈』에 말하였다. "관리된 사람이 지켜야 할 법에 세 가지가 있다. 청렴함과 조심함과 부지런함이다. 이 세 가지를 알면 자기 몸을 지킬 수 있게 된다."

동몽훈은 송나라 때 여본중(1084-1145)이 아이들을 가르치기 위해 지은 책이다. 여본중은 시를 잘 썼으며 쇄소응대(灑掃應對: 물뿌리고 청소하고 사람을 만나는 일상적인 일)의 일이 훈고(訓詁: 경서를 해석하는 것)보다 중요하다고 하여 하학상달(下學上達: 일상적인 일을 통해서 어려운 진리를 깨닫는 일)의 학문을 강조했다. 또 유학과 불교의 사상적 핵심이 크게는 같다고 보아 두 사상의 조화를 추구하여, 후에 유학과 불교의 차이를 강조한 주자의 비판을 받기도 했다. 여본중은 나라 일을 하는 관리가 조심해야 할 세 가지를 말하고 있다. 첫 번째가 맑음이다. 맑고 깨끗해야 한다는 것이다. 맑고 깨끗함의 표본을 맹자는 백이(伯夷)를 예로 들고 있다.

백이는 눈으로는 나쁜 빛을 보지 않고 귀로는 나쁜 소리를 듣지 않으며 섬길 만한 군주가 아니면 섬기지 않고 부릴 만한 백성이 아니면 부리지 아니하여, 세상이 다스려지면 나아가고 혼란하면 물러가서, 나쁜 정사가 나오는 곳과 나쁜 백성들이 거주하는 곳에는 차마 거주하지 못하였으며, 향인(鄕人: 시골의 보통 사람들)과 거처하되 마치 조복(朝服: 임금과 나라 일을 의논할 때 입던 옷)과 조관(朝冠: 벼슬아치가 궐에 나아갈 때 쓰던 관) 차림으로 도탄(塗炭: 진흙구덩이와 숯불 속)에 앉은 듯이 생각하였는데, 주 임금의 때에는 북해에 가서 살면서 천하가 맑아지기를 기다렸다. 그러므로 백이의 풍도를 들은 사람은 완악한 사람이 청렴해지고 나약한 사람은 뜻을 세우게 된다. (『맹자』「만장 하」)

요즘 말로 하면 백이는 자기 객관화가 잘 되고 자기관리를 잘하여, 자기가 어찌 할 수 없는 곳은 가지 않아서 자기 몸을 맑고 깨끗하게 유지한 사람이다. 그래서 무왕이 신하의 신분으로 주(紂) 임금을 정벌할 때 그렇게 하면 안 된다고 하면서 끝까지 말릴 수 있었던 사람이다. 실제로 무왕이 주 임금을 정벌하고 은나라를 세우자, 끝까지 세상(벼슬)에 나오지 않고 수양산에서 고사리를 먹다가 굶어 죽었다. 패악한 주 임금을 벌하는 것도 잘못이 아니라고 생각할 수 있으나, 이처럼 지켜야 할 바를 지키는 데 살신성인하는 사람도 필요한 법이다.

벼슬아치가 추구해야 할 두 번째, 세 번째 덕목이 신중함과 근면함이다. 강태공은 "근면함은 값을 측정할 수 없는 보배"라 하였고

"신중함은 몸을 보호해주는 부적"이다.(『명심보감』)이라고 하였다.

우리가 보통으로 생각하는 보배는 귀금속이나 명품 같은 것인데 이런 보배는 가격이 비싸더라도 가격을 측정할 수 있지만 근면함은 가격을 측정할 수 없다고 하니(無價之寶), 결국 더 값진 보배인 것이다.

부적이라고 하면 몸을 보호하기 위해서 귀신의 힘을 빌리는 것인데 강태공은 귀신의 힘을 빌릴 필요 없이 자기가 가지고 있는 신중함이 지극하면 부적의 효능을 발휘한다고 하였다. 지금 자신에게서 생생하게 작용하고 있는 보배를 찾으면 되는 것이다.

45. 夷虜之道 이로지도

오랑캐의 도리를 따르지 말라

文中子曰 婚娶而論財 夷虜之道也
문 중 자 왈 혼 취 이 논 재 이 로 지 도 야

『문중자』에서 말하였다. "혼인할 때 돈을 밝히는 것은 오랑캐의 도리이다."

'문중자'는 중국 수나라 때 왕통이 쓴 유가(儒家)의 책이다. 『논어』를 본따 왕통과 문인의 대화 형식으로 구성하였으며, 중도(中道)에 의한 왕도(王道)의 실현과 유불도(儒佛道) 삼교의 일치를 주장하였다.

혼인은 서로 다른 환경에 살던 남녀가 함께 사는 일이므로 많은 것을 먼저 생각한 다음에 결정해도 늦지 않다. 사마온공(1019-1086)의 생각을 들어보자.

> 무릇 혼인을 의논함에 마땅히 먼저 그 사위와 며느리의 성품과 행실 및 가법(家法: 집안의 법도)이 어떠한가를 살펴야 할 것이요, 다만 그 부귀(富貴: 재산이 많고 지위가 높음)만을 흠모하지 말아야 한다. (『소학』「가언」)

요즘은 대부분 남녀가 결혼할 때 가장 중요하게 고려하는 것이 재산과 사회적 지위(직장)인데 사마온공의 말씀은 깊이 생각할 필요가 있다. 사마온공의 말씀을 계속 들어보자.

사위가 진실로 어질다면 지금은 비록 빈천(貧賤: 가난하고 비천함)하나 다른 때에 부귀하지 않을 줄을 어찌 알겠는가. 진실로 불초(不肖: 못나고 어리석음)하다면 지금은 비록 부유하고 번성하나 다른 때에 빈천하지 않을 줄을 어찌 알겠는가. 며느리는 집안의 성쇠(盛衰: 성함과 쇠퇴함)가 말미암는 것이니, 다만 한때의 부귀를 흠모하여 맞이해 오면, 저가 부귀함을 믿고 그 남편을 가벼이 여기고 그 시부모를 업신여겨, 교만과 질투의 습성을 양성하지 않는 사람이 드무니, 다른 날 근심됨이 어찌 끝이 있겠는가. (『소학』「가언」)

사위를 맞이할 때 제일 중요하게 살펴야 할 것으로 그 사람의 성품이 인(仁: 어짊)한지 살피라고 하였다. 성품이 어질면 지금은 가난할지라도 나중에 부귀할 수 있지만 그렇지 않으면 지금은 부귀하지만 나중에 빈천하게 된다고 한다. 며느리도 마찬가지다. 반면에 부귀한 집안의 며느리를 맞이하면 모두가 부러워하지만, 친정의 위세를 믿고 남편을 가벼이 보고 시부모를 업신여기기 쉽다. 물론 부자 집안 출신 며느리가 모두 그런 것은 아닐 것이다.

사마온공이 사위와 며느리에게 모두 강조하는 것은 성품의 인자함이다. 인(仁: 어짊)은 공자가 가장 강조하는 사람의 덕목이다. 공자의 인을 오늘날의 결혼 생활에 적용한다면, '기소불욕 물시어인(己所

不欲 勿施於人)'을 말하고 싶다. 그것은 '자기가 하기 싫은 것을 남에게 베풀지 말라는 것'이다.

　서로 다른 환경에서 성장한 남녀가 결혼해서 살다보면 많은 것에서 충돌할 수밖에 없다. 그럴 때마다 이기려고 하면 싸움을 피할 수 없다. 무조건 상대방에게 맞춰 나의 본래 모습을 버리는 것도 좋은 방법은 아니다. 상대방을 배려하는 출발점은 그가 나와 다른 사람이며, 다른 환경에서 성장하여, 다른 습관을 가진 독립된 인간임을 인정하는 것이다. 서로의 다름을 인정하는 것이 부부로서 서로 하나가 되어 조화롭고 행복한 생활을 하는 지름길이요, 왕도(王道)가 된다. 이것이 공자의 '기소불욕 물시어인'의 근본정신이다.

46. 居家有禮 거가유례

집안에 거처할 때도 예의가 있다

子曰 居家有禮故 長幼辨 閨門有禮故 三族和
자왈 거가유례고 장유변 규문유례고 삼족화
朝廷有禮故 官爵序 田獵有禮故 戎事閑 軍旅有禮故
조정유례고 관작서 전렵유례고 융사한 군려유례고
武功成
무공성

공자가 말하였다. "집안에 예가 있으면 어른과 어린이가 질서가 있게 되고, 안방에 예가 있으면 모든 가족이 화목해지고, 조정에 예가 있으면 벼슬에 차례가 있게 되고, 사냥하는 데 예가 있으면 군대의 일이 숙달되고, 군대에 예가 있으면 싸움의 공적이 이루어진다."

자기가 하는 일에 예법이 잘 작동되면 모든 일이 잘 이루어진다는 공자의 말씀이다. 공자가 말씀하신 예가 무엇이기에 이렇게 좋은 결과를 가져오는 것일까. 순자는 「예론(禮論)」에서 예가 생긴 이유를 이렇게 설명한다. 예는 어떻게 생기는 것일까? 사람에게는 태어나면서부터 욕망이 있다. 욕망이 있는데 손에 없으면 어떻게 하든 가지려고 추구한다. 추구하기를 한계가 없이 하면 타인의 몫을 침범하게 되고 다투지 않고는 견디지 못한다. 다투면 사회는 혼란해지고, 혼란하면 드디어 사회는 막힌다. 선왕(先王: 옛날의 어진 임금)은 그것을 싫어했다. 그래서 예의를 제정하여 사람들의 욕망에 한계를 지어, 욕망을 잘 다스리고, 욕구를 충족시키며, 욕망이 물질로 인해 파탄에 이르지 않도록 서로 균형을 유지하게 하였다. 이것이 예를 낳게 한 이유이다. (『순자』「예론」)

순자는 예를 만든 이유로 사람들의 욕망을 방치하면 서로 다투게 되어 사회가 막히는 걸 막기 위해서라고 하였다. 예로서 욕망에 한계를 두어 서로 양보하면서 원하는 것을 이루어 가게 하는 것이다. 그런데 과연 예(禮)가 사람들이 욕망을 줄일 수 있을까? 결국 문제는 사람의 욕망을 어떻게 관리하는가에 달려 있다. 맹자는 욕망 대신 '호연지기(浩然之氣)'를 기르면 마음이 '부동심(不動心)'의 경지에 이르러 욕망에 흔들리지 않는다고 하였다. 그러면 어떻게 호연지기를 길러 마음이 욕망에 동요하지 않는 경지에 도달할 수 있을까?

맹자가 제시한 방법은 네 가지이다. 하나는 필유사언(必有事焉), 둘은 물정(勿正), 셋은 심물망(心勿忘), 넷은 물조장(勿助長)이다. 필유사언은 호연지기를 기르는 일에 종사(從事: 마음과 힘을 다함)하라는 것이고, 물정은 호연지기를 길러 나가 되 기대를 크게 하지 말라는 것이고, 심물망은 그렇다고 해서 호연지기를 기르는 일을 잊어서는 안 된다는 것이고, 물조장은 억지로 호연지기를 기르는 것에 집착해서는 안 된다는 뜻이다. 맹자의 호연지기를 기르는 방법은 네 가지로 나뉘어 있지만 결국은 하나로 연결되어 있으며, 자연스럽게 길러야지 억지로 하면 안 된다는 것이 핵심이라는 것을 알 수 있다.

47. 無禮爲亂 무례위난

예절이 없으면 어지러워진다

子曰 君子有勇而無禮 爲亂 小人有勇而無禮 爲盜
자 왈 군 자 유 용 이 무 례 위 난 소 인 유 용 이 무 례 위 도

공자가 말하였다. "군자가 용기만 있고 예가 없으면 반역을 일으키고, 소인이 용기만 있고 예가 없으면 도둑이 된다."

공자는 『논어』에서 군자와 소인을 다양하게 말하고 있다. 이 구절도 『논어』에 나오는데, 조금 차이가 있다. 『논어』에서는 "자로가 묻기를 '군자가 용맹을 숭상합니까?'라고 하니, 공자님이 말씀하시기를 '군자는 의를 으뜸으로 여기니, 군자가 용맹이 있되 의가 없으면 난을 일으키고, 소인이 용맹이 있되 의가 없으면 도적이 된다.'고 하였다."고 하였다. 『논어』와 『명심보감』의 차이는 의(義)와 예(禮)의 차이이다. 『맹자』에 의하면 의는 수오지심(羞惡之心)이고, 예는 사양지심(辭讓之心)이다. 수오지심은 잘못된 일에 대해서 부끄러워하는 마음이고, 사양지심은 상대방에게 양보하는 마음이다. 군자든 소인이든 용기만 있고, 양보하는 마음이 없으면 반역을 일으키거나 도둑이 된다는 것이다. 결국 예를 단련하여 자신을 스스로 다스릴 수 있는 사람이 되면 반역을 일으키거나 도둑은 되지 않을 것이다.

『순자』는 예(禮)에 세 가지 근본이 있다고 하였다. 첫째, 천지(天地)는 생명의 근본이다. 둘째는 선조(先祖)는 종족의 근본이다. 셋째, 백성의 스승인 군주는 사회 안정의 근본이다. 천지가 없으면 인간이 생겨날 수 없다. 선조가 없으면 자손이 생겨날 수 없다. 군주가 없으면 인간이 (극한 투쟁에 빠져) 생존할 수 없다. 그래서 예는 위로 하늘을 모시고, 아래로 땅을 모시고, 선조를 존경하고, 그리고 스승인 군주를 존경하는 것이다. 이것이 예의 세 가지 근본이다.(『순자』「예론」)

순자가 말하는 대로 하면 결코 공자가 걱정하는 혁명이나 도둑이 생겨나지 않을 것이다. 문제는 이런 마음을 잃어버린 지 오래 되어서 자기밖에 모르는 사람이 세상의 주류가 되어 있는 것이다. 그래서 우리가 해야 될 일은 잃어버린 마음을 다시 회복하는 것이다. 공자는 잃어버린 마음을 다시 회복하는 방법을 이렇게 설명한다.

> 자공이 "한 말씀으로서 죽을 때까지 실천할 만한 것이 있습니까?"라고 묻자 공자님이 말씀하셨다. "그것은 서(恕: 용서할서)일 것이다. 자기가 하고 싶지 않은 일을 남에게 베풀지 않는 것이다."(『논어』「위령공」)

자신이 어떤 일을 할 때 공자가 말하는 '서(恕)'의 정신을 잃어버렸다는 생각이 들 때마다 다시 생각을 돌이켜 알아차리고, 즉시 그 자리에서 마음을 되찾으면 상대방을 공경하게 되고 더 깊어지면 조상을, 마침내 천지 만물을 공경하는 경지까지 이르게 되어, 만물이 자신과 한 몸으로 느껴지게 되면, 천국에서의 삶을 살게 될 것이다.

48. 出門如見大賓 출문여견대빈
문을 나설 때는 큰 손님을 뵙듯이 하라

出門如見大賓 入室如有人
출 문 여 견 대 빈   입 실 여 유 인

문 밖에 나갈 때는 큰 손님을 맞이하는 것같이 하고, 방으로 들어갈 때는 사람이 있는 것같이 하라.

이 말씀은 『논어』에 나온다. 중궁이 공자에게 "인(仁)이 무엇입니까?"라고 질문하자 공자님이 다음과 같이 대답하였다.

문을 나갈 때는 큰 손님을 맞이하는 것같이 하고, 백성을 부릴 때는 큰 제사를 받들듯이 하며, 자신이 하고자 하지 않는 것을 남에게 베풀지 말아야 하니, 이렇게 하면 나라(조정)에 있어도 원망함이 없으며 집안에 있어도 원망함이 없을 것이다."(『논어』「안연」)

여기서 공자 말씀의 핵심은 집이나 나라에서 일을 할 때 늘 몸조심 말조심을 해야 한다는 것이다. 집에서 문을 열고 밖으로 나갈 때 만약 문 밖에 자기가 좋아하는 사람이나 존경하는 사람, 또는 최고의 권력자가 있다고 생각하면 문을 함부로 열고 나갈 수 없다. 누구나 조심스럽게 살금살금 문을 열 것이다. 모든 일에 이렇게 조심하면 상대방에게 원망 들을 일이 없게 된다.

조선시대 허목(1595-1682)은 말조심을 유독 강조하였다. 그가 송시열과 예에 관련된 논쟁을 하다가 패하여 삼척부사로 좌천당했다. 허목은 그곳에서 백성들을 위해 일한 이야기가 '척주동해비'로 전해온다.

삼척 앞바다는 조수 간만의 차이가 심해 해일이 삼척 읍내를 덮쳤고 여름에는 오십천이 범람해서 백성들이 해마다 큰 재해를 당했다. 이에 허목이 '동해송'을 짓고 비문 222자를 써서 '퇴조비(退潮碑)'를 세우자 조수는 잠잠해졌고 이후 홍수가 한 번도 일어나지 않았다.(『허목저』「척주동해비」)

더 놀라운 이야기는 허목이 그곳을 떠난 다음에 반대 당파의 사람이 와서 허목이 세운 비석을 깨뜨리자 다시 삼척에 해일이 밀려와 큰 피해를 입었는데, 이것을 미리 예견한 허목은 비석을 하나 더 만들어 놓아서 다시 물난리를 막았다는 것이다. 이런 일은 모두 허목이 스스로를 경계했던 글귀에서 비롯된다; "말을 많이 하지 말고 일은 많이 벌이지 말라. 말이 많으면 실패가 많고 일이 많으면 해로움이 많다."

공자가 인(仁)을 얻기 위해서 그렇게 한 것처럼 허목 선생도 잡스런 말과 행동을 하지 않고 인을 체득하여 목민관의 사명을 다하였다. 선생은 오늘날 온갖 정보의 홍수 속을 헤매며 가벼운 말들을 남발하는 모든 사람들이 귀감으로 삼을 만하다.

49. 利人之言 리인지언

남을 이롭게 하는 말을 하라

利人之言 煖如綿絮 傷人之語 利如荊棘 一言利人
리인지언 난여면서 상인지어 리여형극 일언리인
重値千金 一語傷人 痛如刀割
중치천금 일어상인 통여도할

사람을 이롭게 하는 말은 따뜻하기가 솜과 같고 사람을 아프게 하는 말은 날카롭기가 가시 같다. 한마디 말이 사람을 이롭게 함은 무게가 천금의 값어치가 되고, 한마디 말이 사람을 다치게 함은 아프기가 칼로 베는 것과 같다.

말 한마디가 사람을 살리기도 하고, 죽이기도 한다. '댓글문명' 시대라 할 오늘날 더욱 그렇다. 남에게 따뜻한 말을 하여 서로 잘 지내는 것은 생각보다 어렵다. 순자는 학문을 통해서 말조심 하고 사람과 좋은 관계를 맺으라고 한다.

군자의 학문하는 것을 보면 옛 성현의 말씀이 귀에 들어오면 이것을 마음에 새겨 온몸에 퍼지게 하고 행동으로 나타난다. 그리하여 일거일동(一擧一動)이 모두 다 그대로 법칙이 된다. 그러나 소인의 학문이란 귀로 들으면 곧바로 입으로 토하고 만다. (중략) 옛날 학자들은 오직 자기 몸을 닦기 위하여 학문에 힘썼으나, 요즘 학자는 남을 위해 공부한다. 군자의 학문은 자기 몸을 훌륭하게 하려는 것인데, 소인의 학문은 저를 짐승으로 만들 뿐이다. (『순자』 「권학」)

군자가 『논어』를 읽으면 공자의 아름다운 말씀을 마음에 새기고 온몸에 퍼지게 해서 결과적으로 행동으로 나타나게 한다. 반대로 소인이 『논어』를 읽으면 남에게 그 앎을 자랑하기 위하여 바로 말로 토해낸다. 그런 말은 상대방의 기분을 상하게 하고, 말하는 자의 얕은 인격을 드러내고 만다. 순자의 말씀을 계속 들어보자.

소인은 묻지 않는 일을 말하기를 좋아하니, 이런 것을 경망스럽다 하고, 한 가지를 묻는데 두 가지씩 대답함은 말이 많다고 한다. 경망스러운 것도 안 되고 말이 많아도 안 되니, 군자는 질문을 받으면 메아리와도 같이 바로 응하되, 그 물음의 테두리를 벗어나지 말아야 한다. 막된 질문에는 대답하지 말고, 막된 대답에는 묻지 말고, 막된 이야기는 듣지 말라. 따지려고만 하는 사람과는 변론할 필요가 없으니 도리를 알고 오는 사람과만 접할 것이요, 도리를 못 차리는 사람은 피할 것이다. 더불어 말할 수 없는 사람과 말하는 것을 경망스럽다 하고, 더불어 말할 만한 사람인데 말하지 않는 것을 음흉하다 하며, 상대방의 기분에는 아랑곳없이 떠드는 것은 눈뜬장님이라 할 수밖에 없다. 그러므로 군자는 경망스럽지 않고, 음흉하지 않고, 눈뜬장님이 되어서도 안 되고, 오직 그 몸을 스스로 삼가 처신해야 한다. (『순자』 「권학」)

50. 好學同行 호학동행
배우기를 좋아하는 이와 함께하라

家語 云 與好學人同行 如霧中行 雖不濕衣 時時有潤
가 어 운 여호학인동행 여무중행 수불습의 시시유윤
與無識人同行 如厠中坐 雖不汚衣 時時聞臭
여 무 식 인 동 행 여 측 중 좌 불 불 오 의 시 시 문 취

『가어』에서 말하였다. "학문을 좋아하는 사람과 함께 가면 마치 안개 속을 가는 것과 같아서 비록 옷은 적시지 않더라도 때때로 물기의 젖음이 있고, 무식한 사람과 함께 가면 마치 뒷간에 앉은 것 같아서 비록 옷은 더럽히지 않더라도 때때로 그 냄새를 맡게 된다."

학문을 좋아하는 사람은 성인들의 말씀을 배우고 익혀서 마음속에 축적하여 기쁨의 근원으로 간직하게 된다. 그 기쁨이 때가 되면 밖으로 드러난다. 그러면 주위 사람도 그 기쁨을 맛보고 즐거워하게 된다. 그리고 그 즐거움의 근원을 찾아, 자신도 열심히 학문을 하게 된다.

학문을 멀리하는 사람은 기쁨의 근원이 마음속에 있지 않고, 외물(外物), 즉 겉으로 드러나는 명예나 사물(재물)에 존재한다. 그들의 마음속에는 명예나 재물을 갈구하는 욕구가 가득하다. 그런 마음이 밖으로 드러나면 주위 사람들은 불쾌감을 느끼게 된다. 학문을 좋아하

는 것과 싫어하는 것의 차이가 이렇게나 크다. 그렇다면 우리가 할 일은 부지런히 학문을 하여 자신의 마음속에 기쁨을 간직한 사람이 되고 주위 사람들에게 좋은 영향을 미치는 것이다. 공자는 자신의 삶을 "작은 시골 마을에 반드시 자신처럼 정성과 믿음을 다하는 사람은 있겠지만 자신처럼 학문을 좋아하는 사람은 없다(『논어』「공야장」)."고 하였다. 그만큼 학문에 대해서는 남에게 양보하고 싶지 않았던 것이다. 공자에게 있어서 학문은 배우고 익혀서 기쁨을 간직하고 그것으로 주위 사람들과 벗이 되어 공부하는 즐거움을 배가하고, 결국 다른 사람들에게 자신의 존재감을 알리지 않아도 저절로 기분이 좋은 군자가 되는 것이었다.(『논어』「학이」)

퇴계 선생은 젊은 날 과거 공부를 하기 위해 고향에 있는 청량산 암자에서 학문을 열심히 했다. 나중에 과거에 급제하고 높은 벼슬을 할 때 자신의 일생을 돌아보면서 "젊은 날 청량산 암자 호롱불 밑에서 열심히 책을 읽었던 그 힘으로 오늘날 내가 존재한다."고 하였다. 선생은 열심히 학문을 하여 훌륭한 인격을 간직하게 되어 많은 사람들에게 삶의 표준이 되었다.

선생이 학문하던 모습은 이러하였다; "제자들이 질문하면 그 깊고 얕음에 따라 가르쳐주고 만일 깨우치지 못하는 곳이 있으면 여러 번 되풀이하여 자세히 설명하고 알아들은 뒤에라야 그만두었다. 깨우치고 이끌어줌에 싫어하거나 게을리 하지 않았으니, (중략) 돌아가시기 전 달에 이미 병환이 심했지만 선생은 제자와의 강론(講論)을 멈추지 않았다(정순목 지음, 『퇴계 평전』)."

51. 君子之交 군자지교
군자의 우정은 맑고 깊다

君子之交 淡如水 小人之交 甘若醴
군자지교 담여수 소인지교 감약예

군자의 사귐은 담박하기가 물과 같고, 소인의 사귐은 달콤하기가 단술과 같다.

왜 군자의 사귐은 맑은 물에 비유하고, 소인의 사귐은 단술에 비유했을까? 그 해답을 『논어』에서 찾을 수 있다. 공자는 군자와 소인의 차이를 다음과 같이 말하고 있다; "군자는 덕을 생각하고 소인은 땅을 생각한다(『논어』「이인」)." 여기서 공자가 말하는 덕(德)은 행(行)과 직(直)과 심(心)을 합한 글자이니, '곧은 마음을 행한다'는 뜻이라고 퇴계 선생은 말하였다. 그러므로 군자는 늘 곧은 마음을 실천할 것을 생각하니 마음에 욕심이 남아 있지 않다. 그래서 하늘을 우러러 한 점 부끄러움이 없는 삶을 살게 되고, 맑아서 속이 훤히 들여다보이는 물처럼 다른 사람과 거리낌 없이 사귈 수 있는 것이다. 그 물은 군자를 비출 뿐 아니라, 그 상대방까지 비추어 주니 더 이상 좋을 수 없다.

땅은 사람들이 누구나 좋아하는 단술과 같이 모든 사람이 좋아하는 것이다. 그러나 단술은 순간적인 맛은 좋지만 오래가지 못한다.

소인의 사귐도 그렇다. 순간적으로 뜻이 통해 사귀게 되지만 자기 목적이 이루어지면 더 이상 얻을 것이 없기 때문에 금세 헤어지고 만다. 그런 사람과는 누구라도 다시 만나고 싶지 않을 것이다. 다음에, 서로가 서로에게 거울이 되는 그런 만남을 소개한다.

권호문이라는 사람이 1570년 경오년 11월 초하룻날 퇴계 선생을 뵙게 되었다. 그 자리에는 유응현(유성룡의 형)이 함께하였다. 권호문이 퇴계 선생과 질의문답을 마치고 집으로 돌아오는 길에 유응현은 "우리가 매번 여기 와서 선생의 얼굴을 보고 또 선생의 말씀을 들으면, 마치 묵은 때가 씻기는 듯, 취한 꿈이 깨이는 듯하다."고 하였다. 권호문도 "옛사람의 말에 구름과 안개가 걷히면 푸른 하늘을 보고, 가시를 잘라서 곧은길을 간다."고 화답하였다.

권호문은 학문에 정진하던 젊은 시절에 "선생은 귀신의 신명과 같아서 그 끝을 헤아릴 수 없고, 강하(江河: 강과 하천)의 넓음과 같아서 그 기슭을 알 수 없다."고 생각하였다고 토로한 적이 있는데, 이제는 퇴계 선생의 말을 들으면 스스로 이해하게 되고, 퇴계의 말과 행동의 의미를 다른 사람에게 설명할 수 있게 되었다면서 "나의 공부는 힘이 적다고 하더라도 혹 조금 진보하지나 않았을까 한다."며 기뻐하였다.

그 스승에 그 제자라 위 세 분이 도달한 세계는 범부의 알음알이로는 알 수도 없을 것 같고, 도달하기 힘들 것 같다. 그러나 '천릿길도 한 걸음부터'라는 말은 바로 이런 때를 두고 하는 말일 터이다. 오늘부터라도, 책 한 쪽을 읽는 것부터 시작하면 우리도 '적다고 하더라도 조금의 진보'가 있음을 기뻐할 수 있을 것이다.

52. 女有四德 여유사덕

여인에게도 네 가지 덕이 있다

益智書 云 女有四德之譽 一曰婦德 二曰婦容
익지서 운 여유사덕지예 일왈부덕 이왈부용
三曰婦言 四曰婦工也 婦德者 不必才名絶異 婦容者
삼왈부언 사왈부공야 부덕자 불필재명절이 부용자
不必顔色美麗 婦言者 不必辯口利詞 婦工者 不必技
불필안색미려 부언자 불필변구리사 부공자 불필기
巧過人也 其婦德者 淸貞廉節 守分整齊 行止有恥
교과인야 기부덕자 청정염절 수분정제 행지유치
動靜有法 此爲婦德也 婦容者 洗浣塵垢 衣服鮮潔
동정유법 차위부덕야 부용자 세완진구 의복선결
沐浴及時 一身無穢 此爲婦容也 婦言者 擇師而說
목욕급시 일신무예 차위부용야 부언자 택사이설
不談非禮 時然後言 人不厭其言 此爲婦言也 婦工者
불담비례 시연후언 인불염기언 차위부언야 부공자
專勤紡績 勿好葷酒 供具甘旨 以奉賓客 此爲婦工也
전근방적 물호훈주 공구감지 이봉빈객 차위부공야

『익지서』에 말하였다. "여자에게는 네 가지 덕의 아름다움이 있으니, 첫째 부덕이요, 둘째는 부용이요, 셋째는 부언이요, 넷째는 부공이니라. 부덕은 반드시 재주와 이름이 뛰어남을 말하는 것은 아니요, 부용은 반드시 얼굴이 아름답고 고움을 말하는 것이 아니요, 부언은 반드시 구변이 좋고 말 잘하는 것이 아니요, 부공은 반드시 손재주가 다른 사람보다 뛰어남을 말하는 것은 아니다. 부덕은 맑고 곧고 청렴하고 절개가 있어 분수를 지키고 몸가짐을 바르게 하며, 행동거지가 염치가 있고, 동정에 법도가 있는 것이다. 부용은 먼지나 때를 깨끗이 빨아서 옷차림을 깨끗하게 하며, 목욕을 제 때에 하여 몸에 더러움이 없게 하는 것이다. 부언은 본받을 것을 선택하여 말하고, 예의에 어긋나는 말은 하지 않고, 꼭 해야 할 때가 된 다음에 말해서, 사람들이 그의 말을 싫어하지 않는 것이다. 부공은 오로지 길쌈을 부지런히 하고 마늘과 술을 좋아하지 않으며, 맛있는 음식을 갖추어 손님을 받드는 것이다."

현대의 관점에서 보면 남녀 누구나 위의 네 가지 덕을 갖추면 좋을 것이다.

첫째, 참된 사람이 갖추어야 할 덕은 맑고 곧고 청렴하며 절개가 있어서 분수를 지키고 몸가짐을 바르게 하여 행동은 부끄러움이 있어야 하고, 움직이고 고요히 있음에 침착함이 있는 것이다. '부끄러움이 있어야 한다'는 것은 조심하고 조신하는 태도로 말하고 행동을 하는 것이다.

둘째, 참된 사람이 갖추어야 할 모습은 늘 입던 옷이라도 항상 깨끗하게 빨아서 입고, 목욕을 제때 하여 몸에 냄새가 나지 않도록 하는 것이다.

셋째, 참된 사람의 말솜씨는 자신이 배울 만한 사람의 말을 본받아 말하고, 분위기에 어긋나는 말은 하지 않고, 꼭 해야 할 때가 된 다음에 말하여 상대방이 자신의 말을 싫어하지 않게 하는 것이다.

넷째, 참된 사람이 갖추어야 할 손재주는 부지런히 자신이 할 일은 하고, 자극적인 음식이나 술을 좋아하지 않고, 맛있는 음식을 준비하여 집에 오는 손님들을 잘 대접하는 것이다.

53. 賢婦和親 현부화친
어진 아내가 집안을 화목하게 한다

賢婦 和六親 獰婦 破六親
현부 화육친 영부 파육친

어진 부인은 집안을 화목하게 만들고, 간악한 부인은 집안의 화목을 깨뜨린다.

잘되는 집안은 가족과의 관계가 화목하고 그렇지 않은 집안은 찬바람이 분다. 그런 집안은 이웃 사람과도 잘 지낸다. 어떻게 하면 화목한 집안을 만들 수 있을까? 유개 중도(柳開 仲塗:947-1000)가 말하였다.

선친께서 집안을 다스리시되 효성스럽고 또 엄격하시었다. 초하루와 보름에 자제와 며느리들이 대청 아래에서 배알을 마치고는 곧 손을 들고 얼굴을 숙이고서 우리 선친의 훈계를 들었는데 말씀하시기를 "사람의 집에 형제들이 의롭지 않은 사람이 없는데 모두 아내를 맞이하여 집안에 들임으로 말미암아 남자와 여자가 서로 모여 장점과 단점을 다투어 차츰 참소하는 말이 날로 들리며, 편벽되이 사랑하고 사사로이 저축하여 등지고 어긋남에 이르러 집안을 나누고 쪼개어 근심하기를 도적과 원수처럼 여기나니, 이는 모두 너희 부인들이 만드는 것이다. 남자로서 심장이 강한 사람 몇 사람이 부인의 말에 미혹 당하지 않을 수 있겠는가? 내가 본 것이 많으니, 너희들은 어찌 이런 일이 있을 수 있겠느냐."라고 하시면, 자제와 며느리들이 물러 나와서는 두려워하여 감히 불효하는 일을 한마디도 입 밖에 내지 못하였으니, 우리들이 지금에 이르도록 그 말씀에 힘입어 집안을 보전할 수 있었다.

(『소학』「가언」)

가정의 화목에 대한 전통 유교의 인식은 '남자는 문제가 없는데 집안에 들어오는 여자가 문제가 있기 때문에' 생긴다고 보아 여자를 교육시켜야 한다는 것이다. 이런 인식은 오늘날 통용되기 어렵다. 특히 '대가족 제도'가 사회적으로 통념이 되던 시대의 준칙이어서 오늘날의 사정에 맞지도 않다. 불교 경전에 전해오는 며느리 교육 방법은 오늘날에도 참조할 대목이 있다.

사밧티의 집안에서 부잣집 딸을 며느리로 맞이했는데 며느리가 자기 집의 부유함을 믿고 시부모와 남편을 섬기려 하지 않았다. 사밧티 집안에서 부처님께 며느리를 교육시켜 달라고 부탁하였다. 부처님은 그 며느리에게 "세상에는 일곱 종류의 아내가 있으니, 어머니 같은 아내, 누이 같은 아내, 친구 같은 아내, 며느리 같은 아내, 종 같은 아내, 원수 같은 아내, 도둑 같은 아내 등입니다. '어머니 같은 아내'란 남편을 아끼고 생각하기를 어머니가 자식 생각하듯 하여 밤낮으로 모시고 그 곁을 떠나지 않고 때에 맞추어 먹을 것을 차려주는 아내를 말하고, … '도둑과 같은 아내'란 밤낮으로 자지 않고 성난 마음으로 대하며, 무슨 수를 써서라도 재산을 빼내려 하며, 정부(情夫)를 두고는 틈을 보아 남편을 죽이려고 하는 아내를 말합니다. 위 다섯 종류의 아내는 사람들이 사랑하여 칭송을 듣게 되고, 아래 두 종류의 아내는 사람들의 미움을 받게 되고 죽어서도 나쁜 곳에 태어난다고 하니 그대는 어떤 아내가 되고자 합니까?"의 부처님의 말씀에 며느리는 눈물을 흘리면서 "제 마음이 어리석고 미련하여 아내로서 잘못했습니다. 이제부터는 지나간 잘못을 고쳐 시부모와 남편을 잘 받들겠습니다."라고 하였다. 부처님은 "사람 중에 누가 허물이 없겠습니까? 고쳐서 새 사람이 되면 그보다 좋은 일이 없을 것입니다."라고 하였다.

54. 歲不我延 세불아연

세월은 나를 기다려주지 않는다

朱子曰 勿謂今日不學而有來日
주 자 왈 물 위 금 일 불 학 이 유 래 일
勿謂今年不學而有來年 日月逝矣 歲不我延
물 위 금 년 불 학 이 유 래 년 일 월 서 의 세 불 아 연
嗚呼老矣 是誰之愆 少年易老學難成 一寸光陰不可輕
오 호 노 의 시 수 지 건 소 년 이 노 학 난 성 일 촌 광 음 불 가 경
未覺池塘春草夢 階前梧葉已秋聲
미 각 지 당 춘 초 몽 계 전 오 엽 이 추 성

주자가 말하였다. "오늘 배우지 않고 내일이 있다고 말하지 말며, 올해에 배우지 않고 내년이 있다고 말하지 말라. 날과 달은 가서 세월은 나를 위하여 늦추지 않는다. 아 늙었도다! 이 누구의 허물인가. 소년은 늙기 쉽고 학문은 이루기 어려우니 촌음이라도 소홀히 해선 안 된다. 못가의 봄풀은 꿈에서 아직 깨지 못했는데 섬돌 앞 오동나무는 벌써 가을 소리를 내고 있네."

주자(1130-1200)는 14세에 아버지를 잃고 죽음보다 더한 괴로움을 겪은 뒤에 불교 공부를 통해 괴로움을 해소한다. 주자에게 불교 공부는 죽음의 괴로움을 극복하게 해주는 동시에 새로운 학문을 완성하는 계기가 되었다. 유학에서 부족한, 죽은 다음의 세계에 대한 인식을 불교는 제공해 주었고, 또 마음 수양법도 불교에서 많은 가르침을 받았다. 이런 공부법을 종합하여 주자가 새롭게 만든 공부법이

'거경궁리(居敬窮理)'이다. '거경'은 경에 머무르는 것, 즉 항상 경의 태도를 지키는 것을 말한다. 경이란 정신(思慮)을 늘 깨어 있게 하는 것이다. 쉽게 말해 판단력이 늘 맑고 투명하여, 사물의 유혹에 넘어가지 않는 상태이다. 어떻게 늘 깨어 있을 수 있을까?

'깨어 있음'에 대해 고민을 많이 한 분들이 불교의 스님들이다. 스님들의 공부법은 화두에 집중하여 외부 사물에 마음을 뺏기지 않도록 하는 것이다. 여기서 중요한 것이 화두(話頭)이다. '하나의 주제'라고 하는데 유명한 화두는 '무(無)' 자 와 '시심마(是甚麼)' 화두다. 없을 무 자가 유명한 화두가 된 것은 중국 당나라의 조주 스님 때문이다. 제자가 "개에게도 불성이 있습니까?"라고 묻다 조주가 "무(無)!" 즉 '없다'고 대답한 것이 무 자 화두가 만들어지게 된 이유이다. '시심마'는 '이것이 무엇이고?'의 뜻이다. 스님들이 항상 자신의 마음을 깨어 있게 하기 위해서 늘 자신에게 질문을 하는 것이 '우리 몸을 움직이고 있는 이것이 무엇인가?'이다.

주자가 불교 공부법에 영향을 받아서 자기 공부법으로 삼은 것이 바로 '경(敬)' 공부이다. 경의 의미는 『논어』에 나온다. 자로가 공자에게 '군자'란 어떤 사람인지 물었을 때 공자가 답한 것이 "수기이경(修己以敬)"이다. '경으로써 자신을 수양하는 것'이다. 공자는 다만 '경'이라고 말했을 뿐이지만 주자는 경에 대해서 다양한 설명을 하였다. 그중에 대표적인 것이 '주일무적(主一無適)'이다. 주일무적은 '하나에 집중하여 마음이 다른 곳으로 옮겨 다니지 않는 것'을 말한다. 이것은 스님들이 실천한 화두 수행과 비슷한 것임을 알 수 있다.

물론 공부 내용은 다르다. 주자는 '사서(四書)' 주해서를 편찬하여 유학을 새롭게 집대성하였다. 사서 중에 있는 『대학』과 『중용』은 원래 한 권의 책이 아니었다. 『예기』라는 책 안에 들어 있는 한 장이었다. 주자가 이것을 각각 한 권의 책으로 만들고 자신의 세밀한 설명(주석)을 붙여서 한 권의 책으로 만든 것이다. 이것이 유명한 '주자 사서집주'이다. 이 '사서집주'를 치밀하게 읽는 것이 이치를 연구하는 '궁리(窮理)'이다. 경의 상태 즉 늘 깨어 있는 상태에서 사서집주를 치밀하게 읽는 주자 식의 새로운 공부법이 만들어지게 된 것이다.

55. 及時勉勵 급시면려

때를 놓치지 말고 힘써라

陶淵明詩 云 盛年 不重來 一日 難再晨 及時當勉勵
도연명시 운 성년 부중래 일일 난재신 급시당면려
歲月 不待人
세월 부대인

도연명의 시에 말하였다. "청춘은 두 번 거듭 오지 아니하고, 하루에 새벽이 두 번 있지 않다. 때가 되거든 마땅히 학문에 힘쓰라. 세월은 사람을 기다리지 않는다."

도연명(365-427)은 중국의 대혼란기였던 송나라 건국 시기를 살았던 인물이다. 조정에 나아가 정사를 돌보던 그도 견디지 못하고 결국은 사직하고, 유명한 시 『귀거래사(歸去來辭)』를 지어 전원의 삶을 선택하는 심사를 밝힌다.

돌아가자, 사람들과 만남을 끊고. 세속과 나는 다르거늘 다시 수레를 타고 무엇을 구할 것인가? 고향에서 가족들과 소박한 이야기를 하고 거문고와 책에서 위안을 얻으니, 농부들은 지금 봄이 왔다고 서쪽 들판에 할 일이 많다고 한다. … 나는 재물에 욕심이 없다. 천국에 대한 기대도 없다. 청명한 날 혼자서 산책을 하고, 등나무로 만든 지팡이를 끌며 동산에 올라 오랫동안 휘파람을 불고, 맑은 냇가에서 시를 짓고, 이렇게 나는 마지막 귀향할 때까지 하늘의 명을 달게 받으며 타고난 복을 누리리라. 거기에 무슨 의문이 있겠는가? (도연명 지음,『귀거래사』)

도연명은 재물과 권력에 대한 욕심을 내려놓고 고향에 돌아가서 자연 속에서, 땅(농사)에 의지하여 살아가는 사람들과 농사짓고, 술을 마시며 시를 짓고, 거문고를 연주하며 자신의 생을 마치고 싶었다. 『명심보감』에서 언급한 그의 시도 때에 맞춰서 무엇이든 열심히 하라는 것이다.

인생은 뿌리도 꼭지도 없어, 길 위에 먼지처럼 날아다니는 것. 흩어져 바람 따라 굴러다니니, 이 몸 또한 항상 이대로 있는 것은 아니니, 같은 땅에 살면 형제이며, 육친만이 가족이 아니네. 즐거움을 만나면 마땅히 즐기며, 말술이 있으면 이웃과 함께 즐기세. 청춘은 다시 오지 아니하고, 하루에 새벽은 두 번 오지 않네. 때를 만나면 마땅히 학문에 힘을 써라. 세월은 사람을 기다려 주지 않는다네. (도연명 지음,『잡시』)

뿌리도 없는 인생에 너무 집착하지 말고, 혈연의 가족 개념에도 머물지 말고 모든 사람을 가족으로 받아들여 더불어 살아가라는 도연명의 말씀에서 자기밖에 모르고 살고 있는 요즘의 삶과는 너무나 달라서 마음에 큰 충격이 다가온다. 서로 술을 나누며 더불어 즐겁게 살면서도 자기에게 주어진 소중한 시간을 결코 낭비하지 말고 열심히 살라는 그의 말씀에서 지난 세월이 아깝기만 하다. 그러면서 도연명은 우리에게 게을리 살지 말고 부지런히 농사지어 가난을 벗어나라고 말한다.

사람들의 삶 부지런함에 달려 있으니 부지런하면 궁핍하지 않다오. 편안히 안락함만 찾으면 연말에 무엇을 바라겠는가. 한두 섬 곡식 쌓아 두지 않으면 굶주림과 추위 번갈아 들이닥친다네. 당신네 부지런한 이웃을 돌아보면 부끄럽지 않을 수 있겠는가. (도연명 지음, 『권농』)

56. 制性禮法 제성예법

본성을 다스리려면 예로써 하라

景行錄云 人性 如水 水一傾則不可 性一縱則不可反
경행록운 인성 여수 수일경즉불가 성일종즉불가반
制水者 必以堤防 制性者 必以禮法
제수자 필이제방 제성자 필이예법

『경행록』에 말하였다. "사람의 본성은 물과 같아서 물이 한번 기울면 회복할 수 없고, 본성이 한번 도망가면 돌아오지 않는다. 물을 다스리는 것은 반드시 제방으로 하고, 본성을 다스리는 것은 반드시 예법으로 하세요."

물은 평소에는 조용히 흘러간다. 그러나 큰비가 오면 홍수가 나고, 재산이나 인명까지 막대한 피해를 입힌다. 이것은 천재(天災)가 아니라 인재(人災)인 경우가 대부분이다. '극한 폭우, 폭염'도 결국 인간의 활동으로 말미암은 기후 위기의 결과이니 말이다. '제방'은 인간이 스스로의 잘못을 성찰하며, 다가올 재난에 대비하기에 충분하게 지어야 한다.

사람의 본성도 마찬가지다. 자기가 하는 일이 생각대로 일이 되지 않으면 마음에 동요가 생긴다. 이때 마음의 동요가 일어난 근본원인은 '일이 계획대로 되지 않은 것'이 문제가 아니라, '일이 되도록 계획을 세우지 못한 데' 있다. 넘치는 물을 충분히 막아낼 만큼 제방을 높고 튼튼하게 쌓듯이, 사람의 마음은 예법을 익히고 단련하여 동요가 일어나는 것을 막아야 한다. 사람은 어떤 경우에 마음의 동요가 일어날까? 함석헌은 다음과 같이 말한다.

> 고난은 인생을 하나님께로 이끈다. 궁핍에 주려 보아야 아버지를 찾는 버린 자식 같이, 인류는 고난을 통해서만 생명의 근원인 하나님을 찾았다. 이스라엘의 종교는 애굽의 압박과 광야의 고생 중에서 자라났고, 인도의 철학은 다른 민족과 사나운 자연과 싸우는 동안에 브라만에 이르렀다. 눈에 눈물이 어리면 그 렌스를 통해 하늘나라가 보인다. 사람은 고난을 당해서만 까닭의 실꾸리를 감게 되고, 그 실꾸리를 감아 가면 영원의 문간에 이르고 만다. (『함석헌 명상집』「너 자신을 혁명하라」)

사람의 마음에 동요가 일어나게 되는 이유는 고난과 궁핍 때문이라고 한다. 이런 고난과 궁핍을 당한 예수는 사막에 들어가 기도를 통해 하나님을 찾았고, 석가모니는 히말라야 설산에 들어가 인생의 본질을 찾기 위해 고행을 거듭했다. 중국의 공자는 학문을 통해서 고난과 궁핍을 극복했는데 그 내용이 예법이다. 공자가 강조한 예법의 요체가 '구용구사(九容九思)'이다.

'구용'은 아홉 가지 항목으로 자세를 바르게 하여, 몸과 마음을 지켜 본성을 다스리는 것이다. 예의 있는 몸가짐은 "발 모양은 무겁게, 손 모양은 공손하게, 눈 모양은 단정하게, 입 모양은 그치고, 소리는 조용하게 내고, 머리 모양은 곧게, 숨 쉬는 모양은 엄숙하게, 서 있는 모양은 덕스럽게, 얼굴 모양은 장엄하게"하는 것이다. '구사'는 아홉 가지 밝은 생각을 통해서 몸과 마음을 지켜 본성을 다스리는 방법이다. 구사는 "볼 때는 밝게 볼 것을, 들을 때는 귀 밝게 들을 것을, 얼굴빛은 온화하게 할 것을, 용모는 공손할 것을, 말은 성실하게 할 것을, 일은 공경스럽게 할 것을, 의심스러운 것은 질문할 것을, 화가 날 때는 어려움을, 얻는 것을 볼 때는 의리를 생각하는 것"이다.

이런 공자의 예법의 덕목은 오늘날도 자신의 몸과 마음을 다스려 본성을 지키는 중요한 체크리스트가 될 수 있다.

57. 明鏡察形 명경찰형
거울이 맑아야 바로 살필 수 있다

子曰 明鏡 所以察形 往古 所以知今
자 왈 명 경 소 이 찰 형 왕 고 소 이 지 금

공자님이 말씀하셨다. "밝은 거울이라야 모양을 관찰할 수 있고, 지나간 역사를 통해서 오늘을 알 수 있다."

거울은 사물을 비추는 도구다. 그러나 거울에 먼지가 끼어 있으면 사물의 모양을 있는 그대로 볼 수 없다. 이럴 경우 거울에 묻어 있는 먼지를 깨끗하게 닦아내야 한다. 『명심보감』도 글자의 뜻을 풀이하면 '마음을 밝히는 보배로운 거울'이다. 결국 우리가 『명심보감』을 읽고 얻고자 하는 것은 마음을 밝히는 것이다. 우리 모두는 자기 마음속에 밝은 거울을 하나씩 가지고 있다. 이 밝은 거울을 밝히지 못하면 자기에게 다가오는 세상일을 현명하게 이해하지 못해서 실수하고, 손해를 보게 된다.

다석 류영모 선생은 마음을 밝히는 법을 다음과 같이 말하고 있다; "식양(息養)은 성령의 숨을 쉼으로써 내 마음속에 하느님 아들을 기르는 것이다. 하느님 아들은 절대 존재로 완전무결하지만 제나(自我)에 의해 의식화되는 데는 배움과 기도가 필요하다. 그것을 하느님의 아들을 기른다고 말한다. 간디는 말하기를 '얼의 힘은 기도로 자란다. 참된 명상은 생각의 깊이를 갖게 하며 또한 성숙되고 순수한 사상으로 만든다. 사람은 참된 명상을 함으로써 미련해지지 않는다(박영호 지음,『류영모 명상록』)."

내 안에 있는 밝은 거울을 류영모는 '하느님 아들'이라고 했고, 이것을 기르기 위해서는 배움과 기도가 필요하다고 한다. 간디는 참된 명상을 통하면 사람이 성숙되어 미련해지지 않는다고 말한다. 배움은 자신을 성숙시키기에 좋은『명심보감』과 같은 책을 읽는 것이고, 기도는 정신을 하나에 집중하여 자기 안의 하나의 거울, 하느님의 아들을 키우는 것이다. 이것이 요즘 유행하는 명상이다. 명상을 통해 자신을 성숙시키면 마음이 밝게 되어서 세상 사물과 사건들을 있는 그대로 관찰하는 힘을 갖게 된다.

지난 역사를 돌아보면 조선이 일본에게 식민지가 되었던 시기가 가장 뼈아프게 다가온다. 일본이 힘이 강성해서 우리나라를 침범해 왔다 해도 조선 사람들이 상하 구분 없이 일심으로 나라를 잘 경영했다면 일본이 넘보지 못했을 것이다. 역사를 되돌릴 수는 없지만, 내가 만약 다시 돌아가서 역사를 바로 잡을 수 있다면 다음 두 가지에 집중할 것이다. 하나는 양반들이 자기들의 이익만 돌보는 마음을 돌이켜서 백성들을 함께 생각하는 마음을 심어주는 일이다. 또 하나는 다른 나라의 힘을 빌리려고 하기보다 자신의 힘을 발견하고, 온 나라 사람들이 한마음 한 뜻으로 나라의 안녕을 지켜내도록 하는 것이다.

제2부

불고 수양법

  무릇 모든 어그러짐은 마음으로부터 비롯된다. 듣고 말함이 경솔하고, 보는 것에 흔들리고, 욕심이 생겨나고, 허물이 반복되면서 사람은 점차 자신을 잃는다. 그러나 모든 허물은 결국 한 사람의 내면에서 시작되며, 그 허물을 바로잡는 길 역시 바깥이 아니라 자기 안에 있다.
  명심보감의 문장은 그 내면을 꿰뚫는 말들로 가득하다. 무엇을 따지기보다, 어떻게 보고 듣는가를 묻고, 남을 비판하기보다, 자신이 먼저 바로 설 것을 요구한다. 가벼운 말이 무거운 죄가 되고, 작은 욕심이 큰 허물을 낳는다는 말은, 삶의 언저리에서 흔히 지나쳐버리는 진실을 상기시킨다. 마음을 다스리는 일이 곧 삶을 다스리는 일이라는 오래된 이치를, 이 글들은 지극히 조용한 방식으로 말하고 있다.

58. 人間大丈夫 인간대장부

참된 사람은 큰 기상을 가진다

蘇東坡云 富不親兮貧不疎 此是人間大丈夫
소 동 파 운 부 불 친 혜 빈 불 소 차 시 인 간 대 장 부
富則進兮貧則退 此是人間眞小輩
부 즉 진 혜 빈 즉 퇴 차 시 인 간 진 소 배

소동파가 말하였다. "상대방이 부유하더라도 친하게 지내지 않으며 가난하더라도 멀리하지 않는 사람이 대장부이고, 부유하면 친하게 지내며 가난하면 멀리하는 사람이 곧 소인배이다."

소동파는 이름은 식(軾)이며 1036년 중국 사천성에서 태어났다. 부친 소순, 아우 소철과 더불어 '삼소(三蘇)'라 불리며, 당송팔대가의 한 사람이다. 그는 기본적으로 유교사상에 뿌리를 둔 현실 참여주의자로, 나라를 걱정하고 백성을 구제하는 지식인으로서의 사명감이 투철했다. 이 글은 소동파의 유교적 성향을 잘 볼 수 있다. 상대가 부유하면 친하게 지내 무엇인가를 얻으려고 하고, 반대로 가난하면 멀리하는 것이 인지상정이다. 소동파는 그런 사람을 '소인배'라고 하였다. 그러면 공자는 이 문제에 대해 어떻게 이야기하고 있을까.

제자 자공과의 대화에 잘 보인다. "자공이 묻기를 '가난하면서도 아첨함이 없으며 부유하면서도 교만함이 없는 것이 어떻습니까? 질

문하자,' 공자께서 대답하기를 '좋지만 가난하면서도 즐거워하며 부유하면서도 예를 좋아하는 사람만은 못하다.'(『논어』「학이」)라고 하였다. 자공이 보기에는 가난하면서도 아첨하지 않는 사람과 부유한데도 교만함이 없는 사람이 최고였는데, 공자께서는 한층 더 높은 경지를 말한다. 가난하더라도 즐기고 부유하더라도 예를 좋아하는 사람이 최고라는 것이다. 이런 사람이 진정한 대장부가 아닐까 한다.

소동파는 유교 지식인이었지만, 불교와 도교 사상에도 조예가 깊었다. 「서림사의 벽에 쓰다」라는 시가 대표적으로 불교의 정서를 노래하고 있다. 소동파가 황주라는 오지에 4년 넘도록 유배 생활을 하다가 49세 때 유배지를 도성(수도)에서 멀지 않은 여주로 옮기게 되었다. 옮겨 가는 도중에 여산(廬山)을 구경하면서 지은 시이다.

> 가로로 보면 산줄기, 옆으로 보면 봉우리. 보는 곳에 따라서 각기 다른 그 모습, 여산의 진면목을 알 수 없는 건, 이 몸이 이 산속에 있기 때문이지. (소동파 지음, 『제서임벽』)

이 시가 불교적이라고 하는 이유는 '진면목(眞面目)'이라는 말 때문이다. '진면목'은 '참모습'이다. 여기서는 여산의 참모습을 말한다. 여산은 보는 위치에 따라 모습이 다르기 때문에 참모습을 알 수 없다는 것이다. 어떻게 하면 여산의 참모습을 볼 수 있을 것인가? 바로 높은 공중에서 보는 것이다. 이것이 초월이다. 불교에서 참모습 즉 불성을 찾으려 할 때 '내려놓는다'는 것이 곧 '초월'이다.

59. 我心虛空 아심허공
마음을 비워야 하늘과 통한다

我若被人罵 佯聾不分說 譬如火燒空 不救自然滅
아약피인매 양농불분설 비여화소공 불구자연멸
我心等虛空 摠爾飜脣舌
아심등허공 총이번순설

내가 만약 남에게 욕설을 듣더라도 거짓으로 귀먹은 체하여 시비를 가리지 말라. 비유하면 불이 허공을 태우는 것과 같아서 불을 끄지 않아도 저절로 사라진다. 내 마음은 허공과 같이 텅 비었는데 너희는 입과 혀를 놀리고 있구나.

세상만사는 작용과 반작용의 법칙이 적용되는 법이어서 내가 하는 만큼 상대방도 반응하기 마련이다. 그러나 지금 『명심보감』의 이 구절은 '오는 말이 곱지 않아도 가는 말이 고와야 함'을 말한다. 그 요지는 상대방 말의 옳고 그름을 분별하지 않는 것이다. 어떤 사람이 나의 능력이나 외모를 가지고 욕설을 하면 누가 거세게 대꾸하지 않고 넘어갈 수 있을까? 그러나 그 대꾸는 더 큰 욕설로 돌아오게 마련이다. '분노사회'라고 할 현대 사회는 더 그렇다. 이때 그 말에 대한 분별심을 버리면 다툼은 더 커지지 않고 무마된다.

선불교의 3대 조사 승찬 스님이 수행자 시절에 나병에 걸려 괴로워하다가 2대 조사 혜가 스님에게 괴로움을 이기는 법을 물었다. "제가 중한 병을 앓고 있는데 과거에 죄업을 많이 지은 탓인 듯합니다. 어떻게 하면 죄업을 참회하고 병도 고칠 수 있을까요?" 그러자 혜가는 "그대가 죄업을 지었다고 하니, 그 죄업을 나에게 보여 봐라."고 하였다. 그 순간 승찬 스님은 본래 죄업은 없는데 자신이 스스로를 묶어서 괴로워하고 있다는 사실을 깨달았다. 그러자 마음이 편안해지고, 덩달아 나병도 치료가 되었다. 그 후에 지은 글이 「신심명」이다.

지극한 도를 깨우치는 것은 어렵지 않으니, 오직 좋아하고 싫어하는 마음을 일으키지 않으면 된다. (승찬 지음, 『신심명』)

승찬 스님은 훌륭한 스승을 만나서 도를 깨우치고 병도 치료했지만, 우리는 승찬 스님이 지은 글을 통해서 안심(安心)의 길을 찾을 수 있다. 그것은 '좋아하고 싫어하는 마음을 일으키지 않는 것'이다. 어떻게 하면 좋아하고 싫어하는 마음을 일으키지 않을 수 있는가?

그 질문의 답은 '주일무적(主一無適)'이다. 하나에 집중하여 다른 곳에 관심을 두지 않는 것이다. 불교에서는 '관세음보살'을 외우거나 '화두'에 마음을 집중하였고, 천도교에서는 21자 주문 즉 '지기금지 원위대강 시천주 조화정 영세불망 만사지'를 외워서 마음을 집중하였다. 마음을 하나에 집중하면 잡념이 사라져 얽매임에서 벗어나게 된다. 그 순간 대자유(大自由)를 맛볼 수 있게 된다. 그런 사람은 누가 나를 욕해도 그 욕에 묶이지 않아, 너그럽게 대응할 수 있게 된다.

60. 不經一事 불경일사
일을 겪어야 지혜가 늘어난다

不經一事 不長一智
불 경 일 사 부 장 일 지

한 가지 일을 경험하지 않으면 한 가지 지혜가 늘지 않는다.

경험은 '간접경험'과 '직접경험'으로 나눌 수 있다. 간접경험의 대표적인 방법이 '독서'이다. 책을 통해 수많은 사람의 인생과 세상 곳곳의 인간사를 알게 되는 것이다. 주희는 열네 살 때 아버지가 돌아가셨다. 하늘이 무너지는 느낌이었을 것이다. 이 죽음의 두려움을 극복하기 위해 주희는 불교 공부를 시작한다. 당시 불교는 화두를 통해 진리를 깨닫는 방법을 주로 가르쳤다. 대혜 종고라는 스님이 송나라 사대부들과 편지로 주고받으며 화두(話頭)에 집중하는 방법을 가르치고 있었다. 대표적인 화두가 '무(無)' 자 화두다. 이 화두는 당나라의 스님 조주가 '개에게는 불성이 없다'고 한 데서 유래한다. 일반적으로 불교는 '만물은 불성을 가지고 있다'고 가르치는데 조주 스님은 '없다'고 한 것이다. 왜 그런가? 이 한 가지 의문에 집중하면서 다른 생각들(부모님을 여읜 후의 고통까지)을 떨쳐내면서 주희도 괴로움을 이겨나가고 있었다.

스물네 살 때 새로운 변화를 일으키는 만남이 이루어진다. 스승 이동(李侗)과의 만남이었다. 이동은 불교에 대해 '이론은 흥미롭지만 삶을 허무하게 만드는 가르침'이라고 하였다. 주희는 곧 스승이 부여한 새로운 과제에 몰입하였다. 그 과제란 '마음이 아직 일어나기 전의 상태를 '중(中)'이라고 하는데 그 중의 모습은 어떠한가?' 였다. 이 과제를 해결하기 위해 주희는 유교 경전을 다시 읽기 시작했다.

중(中)이라는 철학적 주제는 원래 『중용(中庸)』 1장에서 유래한다. 『중용』은 원래 한 권의 책이 아니고 『예기(禮記)』의 한 장이었다. 주희는 과제를 하면서 『중용』의 중요성을 알게 되었고, 또 다른 『예기』의 한 장이었던 『대학(大學)』의 중요성도 알게 되었다. 그래서 주희가 새롭게 만든 독서 프로그램이 '사서(四書) 읽기'였다. 기존의 유교 경전으로 있던 『논어』와 『맹자』에 별책으로 만든 『대학』과 『중용』을 합쳐서 '사서'로 규정한 것이다.

주희는 사서에 새로운 생명을 불어넣었다. 사서에 대한 이전의 풀이를 꼼꼼하게 정리하고 자기 생각도 추가했다. 그렇게 만들어진 것이 '사서집주'이다. 주희는 이 책을 만듦으로써 송나라의 선비들이 다시는 자신과 같은 방황을 하지 않고, 유교의 진리 '격물·치지·성의·정심·수신·제가·치국·평천하'의 가르침으로 돌아오기를 희망하였다. 주희가 만든 사서집주를 맑은 정신에서 읽고 또 읽노라면 세상 만물은 모두 하나의 원리에 의해서 일어났다가 사라지는 것을 깨닫게 된다. 삶의 문제는 물론이요 주희가 그렇게 해결하고 싶었던 죽음의 문제도 해결되는 '일석이조(一石二鳥)'의 가르침이 된다.

61. 知少主人 지소주인
대접할 줄 알아야 대접을 받는다

在家 不會邀賓客 出外 方知少主人
재가 불회요빈객 출외 방지소주인

집에 있을 때 손님을 초대하여 대접할 줄 모르면 밖에 나갔을 때 주인 대접 받을 기회가 적다는 것을 바야흐로 알 수 있다.

세상인심은 내가 베풀어야 남도 베풀어 주는 것이 상식(常識)이다. 한 걸음 더 나아가 자신이 도움을 받지 않았을지라도 남이 필요로 하면 언제든지 도와주는 것이 인정(人情)의 정도이다. 이것은 내가 베풀어서 남의 보답을 받겠다는 마음이 없을 때라야 가능한 일이다.

육조 혜능대사도 그런 사람 중 한 분이다. 혜능대사는 산골에 어머니와 단둘이 살아서 공부를 할 기회조차 없었다. 어머니를 봉양하기 위해서 장날이 되면 나무를 해서 내다파는 일을 하면서 살았다. 그날도 평범한 장날이었는데, 늘 하는 것처럼 나무를 장에 팔러 갔다. 그런데 장터 한편 구석에 스님이 염불을 하고 있었다. 무심코 염불을 듣고 있는데 한 구절이 마음에 쏙 들어왔다.

"應無所住而生其心(응무소주이생기심)"

풀이하면, '응당 머무는 곳 없이 그 마음을 사용하라(『금강경』).'는 것이다. 사람은 눈을 통해서 보고, 귀를 통해서 듣고, 코를 통해서 냄새 맡고, 혀를 통해서 맛을 느끼고, 몸을 통해서 감촉을 하고, 그 감각을 종합하여 생각을 통해서 사고하는 일을 한다. 이 과정이 있는 그대로를 반영하고, 사실에 따라 작용하면 좋은데, 꼭 집착과 선입견이 끼어들어 어긋난 판단을 하여 괴로움을 만들어 낸다. 그래서 괴로움을 벗어나기 위해서 『금강경』에서 모양·소리·향기·맛·대상·사고에 머무르지 말고, 마음을 써서 괴로움을 만들지 말라고 한 것이다.

당시 20대의 혜능에게도 산다는 것은 고민이었다. 그때 스님의 독경을 통해서 진리를 찾아가는 새로운 마음을 일으키게 한 것이다. 홀로 계시는 어머니가 고민이었지만 미련을 버리고 출가해서 공부를 시작한다. 혜능은 부지런히 공부를 하여 마침내 깨달음을 얻고 그것을 한 편의 시(悟道頌)로 노래한다.

> 깨달음은 본래 나무가 없고, 밝은 거울 또한 밑바탕 없네. 불성은 항상 청정하거늘, 어느 곳에 티끌·먼지가 묻으리오. (혜능 지음, 『육조단경』)

공부가 부족할 때는 마음이 고통의 뿌리였는데, 공부가 잘 되어 마음 자체가 텅 비어 있다는 것을 알고서는 본래 한 물건도, 없는데 어느 곳에 고통의 뿌리인 티끌과 먼지가 붙겠는가, 노래한다. 어디에도 묶일 곳이 없기 때문에 더 이상 고통이 없는 삶을 살게 된 것이다. 이후로 혜능은 많은 사람에게 밝은 지혜로 고통 없는 길을 안내

하는 거룩한 삶을 살게 된다.

조선 말기에 혜능과 비슷한 길을 간 도인이 출현하는데 소태산 박중빈이다. 제자가 대가를 바라고 베푸는 것과 바라지 않고 베푸는 것의 차이를 묻자 "보시를 하는 것은 과일나무에 거름을 주는 것과 같은데 대가를 바라는 보시는 거름을 땅 위에 주는 것과 같고, 바라지 않는 보시는 거름을 준 뒤에 흙으로 묻어버리는 것과 같다. 땅 위에 준 거름은 기운이 흩어지기 쉬운 것이요, 묻어준 거름은 기운이 오래가고 든든하니, 두 보시의 결과도 이와 같다."고 하였다.

62. 富住深山 부주심산
깊은 산에 살아도 부유하면 찾아온다

貧居鬧市 無相識 富住深山 有遠親
빈 거 료 시 무 상 식 부 주 심 산 유 원 친

가난하면 번화한 시장거리에 살아도 서로 아는 사람이 없고, 부유하면 깊은 산중에 살아도 먼 곳에서 오는 친구가 있다.

가난하면 얻을 것이 없기 때문에 찾아오는 사람이 없다. 그래서 번화한 시장거리에 살아도 서로 아는 사람이 없는 것이고, 부유하면 깊은 산에 살아도 얻을 것이 있기 때문에 불편하더라도 사람들이 찾아온다. 이것은 돈을 얻는 게 목적인 사람에게도 통하는 것이지만, 진리를 얻는 게 목적인 사람에게도 통한다. 만약에 진리를 깨우친 사람이 깊은 산중에 있다면 찾아가는 어려움을 감내하고서라도 반드시 찾아가서 물어야 한다.

한반도의 많은 승려들이 중국과 인도를 다녀왔다. 신라의 원효와 의상은 함께 당나라로 가기 위해 길을 떠났지만, 원효는 진리는 마음먹기에 달렸음을 깨닫고 굳이 신라에 남아 정진을 계속하여 스스로 진리를 깨우쳤고, 의상은 당나라로 가서 훌륭한 스승인 지엄 스님을 만나 화엄경 공부를 통해서 「법성게」라는 빛나는 글을 남겼다. 법성게는 진리의 자리를 노래한 것인데 방대한 『화엄경』의 이치를 210자로 간략하게 표현한 것이다.

법의 성품은 둥글어서 두 가지 모양이 없고, 모든 진리의 그 자리는 움직이지 않아 본래 고요하다. (의상 지음, 『법성게』)

고요한 진리의 모습은 드러나지 않을 때는 모양이 없어서 깨닫기 어렵지만, 움직일 때는 하늘에서 내리는 단비처럼 구석진 곳의 중생들까지 신비에 흠씬 젖게 한다. 그러나 중생들은 마치 우산을 쓴 것처럼 아집과 욕심에 둘러싸여 진리를 외면하고 있다. 진리를 깨닫기 위해서는 잡념, 욕심을 걷어내고 그 비에 온전히 몸과 마음을 내맡겨야 하는데 중생들은 눈앞의 이익과 간장종지만 한 지식을 내세워 완강히 진리의 혜택을 거부하고 있는 것이다.

의상은 진리를 깨우치고 귀국하여 신라의 수도 경주가 아닌 변방 영주(경북)에 부석사를 세우고 중생을 교화하였고, 전국 곳곳을 돌며 사찰을 세워 중생들이 진리를 밝게 깨우치도록 애썼다. 경주에 있는 왕들과 대신들조차, 나라에 어려움이 있을 때마다 변방까지 의상을 찾아와서 강론을 들었다. '산중에 있어도 찾아오는 친구'인 셈이다.

원효 스님도 진리를 깨우치고 양산(경남)에 있는 천성산에서 중생을 교화하고 있었다. 하루는 깊은 삼매에 들어갔는데 당나라의 절에서 법당이 무너져 스님들이 죽을 위기에 있는 것을 알게 되었다. 원효는 재빨리 나무판에 글을 써서 당나라로 날려 보냈다. 그 나무판이 당나라 사찰 법당으로 들어갔다가 다시 밖으로 나가자 법당에 있던 스님들이 그 판에 쓰인 글씨를 보려고 모두 법당 밖으로 나왔는데 그 순간 법당이 무너졌다. 그렇게 해서 당나라의 스님들이 목숨을 건지게 되었다. 자초지정을 알게 된 스님들은 원효를 찾아 신라로 와서 공부를 하여 진리를 깨우쳐 성인이 되었다고 한다. 그래서 산 이름이 '천성산(千聖山)' 즉 천명의 성인을 배출한 산이 되었다.

이 천성산에 조선 말기에 경주 사람 수운 최제우도 49일 기도를 두 번 하고 원효의 기운을 받아 성인이 되었다는 이야기가 전해지고 있다.

63. 反求諸己 반구저기

잘못된 원인을 나에게서 찾아보라

性理書云 接物之要 己所不欲 勿施於人 行有不得
성 리 서 운 접 물 지 요 기 소 불 욕 물 시 어 인 행 유 부 득
反求諸己
반 구 저 기

성리서에 말하였다. "사람을 만날 때 가장 중요한 자세는 자기가 하고 싶지 않은 것을 남에게 시키지 않는 것이고, 일을 했는데 원하는 결과를 얻지 못하면 반성하여 자기에게서 찾아라."

성리서(性理書)는 성(性)과 리(理)를 철학의 기본 골격으로 삼는 성리학(性理學, 朱子學)의 경전(經傳, 경전과 해설서)을 말한다. 성리학은 중국 남송의 주희가 북송의 주렴계·장횡거·소강절·정명도·정이천 등 다섯 사람의 철학을 집대성한 것이 그 효시다. 그래서 '주자학'이라고도 한다.

주희는 어려서 아버지를 잃고 너무 마음이 아파 방황하다가 불교 공부를 통해 마음의 고통에서 벗어난다. 불교는 마음의 상처를 치료하는 공부는 좋은데, 유학이 중요하게 생각하는 성의(誠意)·정심(正心)·격물(格物)·치지(致知)·수신(修身)·제가(齊家)·치국(治國)·평천하(平天下)의 공부 경로와는 충돌되는 부분이 있다. 때마침 주희

는 스승 이동(李侗)을 만나면서 이 문제를 해결할 수 있었다.

이동 역시 유학과 불교의 이런 충돌을 고민하다가 불교의 좋은 공부 방법을 유학으로 받아들여 체계화하고 있었다. 불교의 공부 방법의 핵심 가운데 참선법(參禪法)이 있다. 조용히 앉아 자기의 본래 면목을 깨닫는 공부법이다.

이동과 주희가 살았던 당시에 불교의 주된 공부 방법은 화두(話頭)를 잡고 마음을 집중하여 잡념을 깨뜨리고 깨달음을 얻는 화두선(話頭禪)이었다. 화두를 들고 참선을 하거나, 일상생활을 하면서도 화두에 골몰하다 보면, 어느 순간 활연관통하게 되는 공부 방법이지만, 그 과정이 여간 고통스럽고 어려운 것이 아니었다. 화두 가운데 유명한 화두는 '시심마(是甚麽)'이다. 의미는 "내 안에 본질이 있다는데 도대체 이것이 무엇인가?"의 답을 끊임 없이 생각하는 것이다. '시심마' 화두는 우리 말로 '이 뭐꼬'라는 화두로 널리 알려졌다.

'무(無)' 자 화두도 유명한데, 여기에는 유래가 있다. 당나라에 조주라는 스님이 있었다. 하루는 절 법당에 앉아 제자와 차를 마시고 있었는데, 그때 개 한 마리가 절 마당을 지나가고 있었다. 제자가 묻기를 "스승님 저 개도 불성이 있습니까?" 하고 물었다. 조주가 즉답하기를 "없다(無)!"라고 하였다.

일반적으로 불교에는 모든 중생(중생. 생명 있는 것이나 생명 없는 것 모두)이 모두 불성을 가지고 있다고 가르친다. 그런데 당대의 고승인 조주는 개에게 불성이 없다고 했다. 왜 그렇게 대답하였을까? 왜 그런 걸까? 없다는 것은 무엇이고, 있다는 것은 무엇인가? 불성이란 무엇인가? 이렇게 생각이 꼬리를 물고 일어나게 되었다. 그때부터 '무'자는 화두선의 주된 화두 중 하나가 되었다.

이동도 이런 공부 방법을 유학 식으로 응용하여 공부법을 만들었다. 이동은『중용』1장의 "기쁨 노여움 슬픔 즐거움의 감정이 아직 나타나지 않는 상태를 중(中)이라고 하는데 이 중의 상태는 무엇을 의미하는가?"라는 질문을 중심에 두고 공부해 나갔다. 선생은 '정좌(靜坐)' 즉 고요히 앉아서, '감정이 아직 드러나지 않은(未發) 중의 상태는 무엇을 의미하는가?'라는 주제에 몰입하여 자신의 본성을 찾는 공부를 하였으니 이제 불교와의 충돌문제는 해결된 것이다.

이동이 던진 질문의 답이 "자기가 하기 싫은 일을 남에게 시키지 말라"는 것과 "자신이 어떤 일을 열심히 했는데 원하는 결과를 얻지 못하면 남을 원망하지 말고 자신 안에서 그 원인을 찾으라"는 것이다. 생각해 보면, 이러한 명제는 모두 평범하고, 지극히 당연한 이야기일 뿐이다. 바로 거기에 진리의 묘미가 있다. 진리란 어렵고 복잡하며, 심오하여 이해하기 어려운 것이 아니다. 다만, 사람이 거기에 도달하기가 어려울 뿐이다. 진리가 아니라, 사람이 문제인 것이다. 결국 '나' 하나, '내 마음'이 바뀌는 것이 해결의 출발점이다.

제3부

도가 수양법

　사람 사이의 거리는 손의 길이나 말의 수로 결정되지 않는다. 그것은 마음이 놓인 자리를 따라 달라지며, 가까운 듯 멀고, 먼 듯 가깝기도 하다. 깊은 우정은 절제 속에서 길러지고, 진실한 관계는 예의를 지키는 데서 시작된다. 그러므로 믿음은 단순한 감정이 아니라, 긴 시간 동안 다져진 품성의 결과이다.
　명심보감은 사람과 사람 사이의 조율에 대해 참으로 섬세한 말들을 남겼다. 지나치게 가까운 것도 화가 되고, 지나치게 멀어지는 것도 허물이 되며, 한 번의 말실수나 오해가 오랜 인연을 흔들기도 한다. 이러한 인간관계의 미묘한 결들을 돌아보게 하는 이 글귀들은, 단지 교훈의 말이 아니라, 삶을 살아가는 구체적 체험에서 길어 올린 앎의 언어다. 삶은 혼자가 아니라는 것, 그러나 함께 있음에도 조심하고 헤아려야 한다는 것, 그것이 이 장의 가장 깊은 뜻이다.

64. 天神雷電 천신뢰전
하늘과 신은 모든 것을 듣고 본다

玄帝垂訓 曰 人間私語 天聽 若雷 暗室欺心 神目 如電
_{현 제 수 훈 왈 인 간 사 어 천 청 약 뢰 암 실 기 심 신 목 여 전}

현제 수훈에 말하기를 "인간의 사사로운 말이라도 하늘이 듣는 것은 우뢰와 같고, 어두운 방 안에서 마음을 속이더라도 신의 눈은 번개와 같이 본다."

현제(玄帝)는 도가(道家) 계통 현인의 한 사람이지만 자세한 것은 알 수 없다. 도가라고 추측할 수 있는 단어가 '현(玄)'이라는 글자이다. 『도덕경』 1장에서 노자는 도의 개념을 '현지우현 중묘지문(玄之又玄 衆妙之門)'이라고 했는데 그 뜻은 '아득하고 가물가물한 거기에서 모든 오묘함이 생겨난다.' 것이다. 여기서 '현지우현'이 곧 도의 표상이다. 세상의 만물은 모두 '도'에서 생겨난다는 뜻이다.

'도'는 유가나 다른 지혜 전통에서 '천(天)' 혹은 '신(神)'이라고 부르는 대상에 비견할 수 있다. 천과 신은 세상 만물을 창조해 낸 그 자리(存在)이기 때문에 인간이 무슨 말과 무슨 행동을 하더라도 모르는 게 없다. 노자의 말에 따르면 도는 말로 표현할 수 없는 것이다(道可道 非常道). 그러므로 도를 '듣는다거나 본다'라고 표현할 수 없다. 그렇지만 없는 존재는 아니기 때문에 인간이 이해하는 방식에 의거하여 '하늘이 듣는다' '신이 본다' 등으로 표현한 것이다. 사람들에게 함부로 살지 말고 조심하면서 살라고 당부하는 것이다. 기독교에서 '하느님'이 인간의 일거수일투족 지켜보고 있으니 조심하라는 것과도 통한다.

천주교 포교를 동양에 전래한 서양 선교사들은 먼저 동양의 보편적인 진리 체계인 성리학을 공부하였다. 그런데 결정적으로 성리학에는 창조주 하느님이 없음을 알게 됐다. 그래서 성리학(유학)의 중에서 창조주와 가장 비슷한 개념인 '상제(上帝)' 개념을 빌려 사용하였다.

당시 천주교를 깊이 공부했던 다산 정약용(1762-1836)은 조선의 관리들이 타락하는 이유는 성리학에서 말하는 만물의 근원인 태극에 살아 있는 창조주 개념이 없어서 사람이 나쁜 짓을 해도 어떤 형벌을 내리지 않는다고 생각하기 때문이라고 판단하였다. 그래서 정약용은 천주교의 창조주인 '상제'를 자신의 철학에 등장시켜 그 주재성(主宰性)을 부각시켰다. 세상 사람들이 상제에 대해 경외(敬畏: 공경하고 두려워함)하는 마음으로 살아가면 국가 사회의 평안을 가져올 수 있을 것으로 믿었다.

동시대에 같은 공부를 했던 선비들은 자신의 내면에서 살아 있는 하느님을 살리진 못했다. 대신에 다산 선생 말년 무렵에 조선 경주 사람 수운 최제우(1824-1864)가 인간의 내면에서 살아 있는 하느님을 발견하였다. 그 이름을 최제우는 한자로 '천주(天主)'라고 표현하였다. 이는 '한울님(하느님)'의 한자식 표현이지만, 천주교에서 말하는 '천주'와 같거나 유사한 것으로 인식되었기에 조선의 관리들에게 핍박을 받았다. 그러나 최제우의 종교적 각성과 가르침의 전파는 이 땅에 인간의 본래적 존엄성에 대한 새로운 인식을 전파할 수 있었다.

65. 一日念善 일일념선
매일 좋은 일을 생각하고 실천하라

莊子曰 一日不念善 諸惡 皆自起
장 자 왈 일 일 불 념 선 제 악 개 자 기

장자가 말씀하셨다. "하루라도 착한 일을 생각하지 않으면 모든 나쁜 일이 저절로 일어난다."

나에게 나쁜 일이 일어나는 것은 하루아침에 발생하는 것이 아니다. 오래전부터 자신의 마음속에서 비롯된 빌미가 쌓이고 자라서 겉으로 드러나는 것이다. 그러므로 평소에 늘 착한 일을 생각하고 행하여야 나쁜 일의 씨앗이 발아하여 자라나지 않는다.

장자는 중국에서 맹자와 동시대에 살았던 인물이다. 장자가 볼 때 인간은 몸과 마음을 가진 존재였다. 몸에는 감각기관이 있어 눈으로 보고, 귀로 듣고, 코로 냄새 맡고, 입으로 말하고, 팔과 다리로 접촉한다. 이런 감각기관은 주체적인 생각을 할 수 없기 때문에 항상 외부의 유혹에 끌려 다니기 쉽다. 그래서 인간은 대체로 감각기관의 현혹에 넘어가는 실수를 하게 된다.

장자는 이런 인간의 어리석음을 원숭이 기르는 사람과 원숭이 사이의 이야기로써 풍자하고 있다. 원숭이에게 아침에 도토리를 세 개

(朝三), 저녁에 네 개(暮四)를 준다고 하니 소란을 피웠다. 그래서 아침에 네 개, 저녁에 세 개를 준다고 하니 조용해졌다는 이야기이다.

'조삼모사(朝三暮四)'란 고사성어가 여기에서 유래한다. 원숭이가 받는 전체 도토리 개수는 변함이 없는데 순간적인 욕심으로 원숭이는 아침에 네 개 즉 한 개 더 받는다는 유혹에 넘어가 그만 동의하고 말았다. 여기서 원숭이는 어리석은, 감각에 현혹된 인간을 말한다.

『장자』에는 포정(庖丁)이 감각기관의 미혹에 넘어가지 않고 멋있게 살다간 이야기도 있다. 포정은 문해군 밑에서 소를 잡는 일을 하고 있었다. 그런데 기술이 얼마나 뛰어났던지 보통 백정은 칼을 1년에 한번 바꿔야 하는데 포정은 19년 동안 칼을 써도 방금 숫돌에서 갈아낸 칼처럼 날카로웠다. 문해군이 그 이유를 물어보았다.

> 소를 볼 때 감각기관의 작용을 멈추고 마음을 작용하여 자연의 결에 따라 칼을 움직이니 칼이 뼈에 부딪치지 않아서, 19년 동안 써도 칼이 방금 숫돌에 간 칼처럼 날카롭습니다. (『장자』「양생주」)

여기서 우리가 배울 것은 유혹에 쉽게 흔들리는 감각기관의 작용을 멈추고 마음의 기능을 확대하여 나쁜 생각이 마음에 머물지 못하도록 하는 것이다. 그러면 마음이 맑아져서 내가 마주하는 사물을 있는 그대로 보고, 듣고, 냄새 맡고, 감촉하는 능력을 갖게 될 것이다.

66. 不作不成 부작불성

하지 않으면 이룰 수 없다

莊子曰 事雖小 不作不成 子雖賢 不教不明
장 자 왈 사 수 소 부 작 불 성 자 수 현 불 교 불 명

장자가 말하였다. "일이 비록 작더라도 하지 않으면 이룰 수 없고, 자식이 비록 현명하더라도 가르치지 않으면 밝아지지 않는다."

아무리 작은 일이라도 머릿속으로 어떻게 하겠다고 생각만 한다면 일을 끝낼 수 없다. 반드시 손을 움직이고 발을 사용하여 일을 시작해야 끝낼 수 있다. 말로만 하고 실제 행동으로 옮기지 않는 사람이 우리 주위에도 많다. 이론은 뛰어나지만 막상 어떤 일을 시키면 아무것도 할 줄 모르는 사람도 있다. 반면 이론은 빈약하지만 묵묵히 작은 일이라도 해내는 사람이 더 믿음이 가게 마련이다.

장자는 맹자와 같은 시대를 살았으며, 몽이라는 땅에서 작은 동산을 관리하던 사람이다. 그는 지혜로운 사람이었지만 시대를 잘못 만나서 자신의 도와 덕을 제대로 사용해보지 못한 사람이었던 것 같다.

장자가 군데군데 기워진 거칠고 헐렁한 옷을 입고, 삼끈으로 떨어진 신을 묶고서 위혜왕을 뵈었다. 혜왕이 말하기를 "선생은 어째서 이처

럼 지쳐 버렸소?"라고 하였다. 장자는 "나는 가난한 것이지 지친 것이 아닙니다. 선비가 도와 덕을 가지고서도 실행하지 못하는 것을 '지친 다'고 합니다. 낡은 옷을 입고 헤어진 신을 신는 것은 가난할 뿐이지 지친 것은 아닙니다. 이것은 이른바 때를 만나지 못했다는 것입니다." 라고 대답하였다. (『장자』「산목」)

장자는 나라를 위해 일할 마음은 있었다. 하지만 그를 알아주는 사람이 없어서 남루한 겉모습을 하고 살았다. 그것을 보고 '지친 것 같다'고 말하자, '지쳤다'는 것은 '포기했다'는 뜻이지만 사신은 도와 덕으로 살기에 지치지도 않았다고 말한다. 장자의 도와 덕은 어떻게 길러진 것일까? 그것은 먼저 '마음을 재계'하여 고요하게 하는 것에서 생긴다. 그 방법에 대해서는 장자는 다음과 같이 말하고 있다.

심지(心志)를 전일(專一)하게 하여 귀로써 듣지 말고 마음으로써 듣고, 마음으로써 듣지 말고, 기(氣)로써 들어라! 귀는 듣는 데서 그치고, 마음은 기존의 생각에 맞추어 이해할 뿐이다. 기라는 것은 텅 빈 채로 사물을 대하는 것이다. 참된 도(道)란 오직 빈 곳에 모인다. 텅 빈 상태가 마음의 재계이다. (『장자』「인간세」)

장자의 밝은 지혜는 '마음의 재계'를 통해서 얻은 것인데 '마음의 재계'는 마음을 오로지 하나에 집중하여 마음을 텅 비운 상태가 되어야 형성되는 것임을 알 수 있다.

67. 一日淸閑 일일청한
하루라도 맑고 한가로움에 머물러라

一日淸閑 一日仙
일 일 청 한　일 일 선

하루 동안 마음이 맑고 한가하면 하루 동안 신선이 된 것이다.

우리는 신선이 다른 세계에 사는 별종의 인간이라고 생각한다. 그러나 여기서는 지금 여기 현실에서 마음이 맑고 한가로우면 그가 바로 신선이라고 말한다. 그렇다고 신선되기가 쉬운 것은 아니다. 사람들에게 하루 동안 마음이 맑고 한가로운 때가 있느냐고 물어보면 대부분 고개를 가로저을 것이다. 그만큼 세상 사람들 우리는 무언가에 쫓기면서 살고 있다. 과연 이대로 살아도 되는가? 공자는 이 질문에 다음과 같이 말하였다.

> 나도 부자유한 세계를 떠나서 자유로운 신선의 세계에 살고 쉽지만, 그래도 인간이기 때문에 인간이 살고 있는 이 세상을 더 멋진 세상으로 만들기 전에는 떠날 수 없다. (『논어』「미자」)

공자는 이 세상을 멋지게 만들기 위해서는 각자의 욕심을 줄이라고 했다. 욕심이 곧 마음을 분주하게 하는 관문이기 때문이다. 욕심을 줄이려면 "예가 아니면 보지 말고, 듣지 말고, 말하지 말고, 움직이지 말아야 한다." 이것이 말처럼 쉬운 일은 아니지만 '공자님 말씀'대로 한번 실천은 해 볼 수 있을 것이다.

공자가 도달한 최종의 경지인 "마음이 하고 싶은 대로 해도 세상의 규칙에 어긋나지 않는" 사람은 곧 신선이 아니고 무엇이겠는가. 보통 사람들은 욕심에 따라 움직이기 때문에 남과 서로 갈등하고 세상의 법도를 넘어서기도 한다. 그것이 세속의 더러움에 몸을 내던지는 길이 된다. 노자에게 마음이 맑고 한가한 신선이 되는 방법을 물었다.

> 진귀한 물건을 소중하게 여기지 말고, 현명함을 숭상하지 말고, 마음을 비우고, 물처럼 다투지 말고, 지혜롭게 살아라. (『도덕경』 3장)

노자가 제시한 신선이 되는 방법은 공자보다 더 실천하기 어려운 부분이 있다. 보통 사람들이 진귀한 물건과 현명함 남들보다 더욱 많이 가지기 위해서 노력하며 살고 있는데 노자는 이것을 모두 버리라고 한다. 버린 다음에 찾아오는 삶의 여유를 즐기라는 것이 노자의 말씀인 것 같다. 공자도 서른 살 즈음에 노자를 찾아가 인생의 바른 길을 질문했다. 그때 노자가 공자에게 말해준 것이 "물처럼 살라"는 가르침이었다. 공자는 그때 노자의 말씀에 감명을 받아 제자들에게 "군자는 그릇처럼 고정된 삶을 살지 않는다."는 말씀을 남겼다. 노자의 비움 철학이 공자에게로 전해진 것이다.

68. 上安下順 상안하순

어리석음을 숭상해야 편안하고 순종한다

濂溪先生曰 巧者言 拙者默 巧者勞 拙者逸
렴 계 선 생 왈   교 자 언   졸 자 묵   교 자 로   졸 자 일
巧者賊 拙者德 巧者凶 拙者吉 嗚呼 天下拙 刑政 撤
교 자 적   졸 자 덕   교 자 흉   졸 자 길   오 호   천 하 졸   형 정   철
上安下順 風淸弊絶
상 안 하 순   풍 청 폐 절

염계 선생이 말하였다. "재주 있는 사람은 말을 잘하고 어리숙한 사람은 침묵하며, 재주 있는 사람은 수고롭고 어리숙한 사람은 한가하다. 재주 있는 사람은 남을 해치고 어리숙한 사람은 덕을 베풀며, 재주 있는 사람은 잘못되고 어리숙한 사람은 잘 된다. 아 온 세상이 어리숙함을 숭상하면 형벌로 다스리는 정치가 없어져 윗사람은 편안하고 아랫사람은 순종하며, 풍속이 맑고 폐단이 없어질 것이다."

염계 선생(1017-1073)은 중국 북송시대의 학자이다. 『태극도설』을 지어 신유학의 우주론을 정립에 기여하였고, 정명도·정이천 형제를 가르쳐 주자로 이어져 성리학을 집대성하는 데 큰 역할을 하였다. 선생은 평소에 연꽃을 사랑하여 「애련설(愛蓮說)」이란 글을 지었다.

나는 유독 연꽃이 진흙에서 나왔으나 더럽혀지지 않고 맑은 물결에 씻겼으나 요염하지 않으며, 속은 비어 있고 밖은 곧으며, 덩굴지지 않고 가지 치지도 않으며, 향기는 멀어질수록 더욱 맑고, 우뚝한 모습으로 깨끗하게 서 있어, 멀리서 바라볼 수는 있지만 함부로 하거나 가지고 놀 수 없음을 사랑한다. (주렴계 지음, 『애련설』)

'진흙에서 나왔으나 더럽혀지지 않고 맑은 물결에 씻겼으나 요염하지 않다'는 말이 곧 선생의 인품을 상징적으로 표현한 말이 아닌가 한다. 선생은 '교(巧)'와 '졸(拙)'을 비교하면서 결국은 '졸'이 우세하다는 평가를 하고 있다. 지극히 노자적인 발상이다. 아마 노자를 좋아했던 선생의 영향일 것이다. 노자는 '졸'의 성격을 다음과 같이 말하였다.

크게 이루어진 것은 부족한 것 같으나 그 쓰임이 낡아지지 않고, 크게 채워지는 것은 텅 빈 것 같으나 그 쓰임이 다함이 없다. 크게 곧은 것은 굽은 듯하고 크게 재주 있는 것은 졸렬한 듯하며, 큰 변설은 어눌한 듯하다. (『도덕경』 45장)

노자는 단순한 재주가 아니라 크게 재주가 있어야 '졸'의 경지에 이른다고 말하고 있다. 염계 선생이 말한 '졸'의 경지, 즉 침묵하고 한가하고 덕을 베푸는 경지에 도달하려면 어떻게 해야 할까? 노자는 힘을 빼라고 하였다. 무엇보다 선입관을 제거하라고 하였다. 빼고

빼어서 더 이상 뺄 것이 없는 자리에 이르게 되면 그때가 진짜 '졸'의 경지라고 하였다. 그러면 사람은 '무위자연(無爲自然)'의 경지에 이르게 되어 형벌로 하는 정치는 사라지고 위 사람은 편안하고 아랫사람은 순종하는 그런 멋진 사회가 만들어진다고 하였다.

69. 人滿則喪 인만즉상
사람이 교만하면 죽음을 자초한다

器滿則溢 人滿則喪
기 만 즉 일 인 만 즉 상

그릇이 차면 넘치고 사람이 차면(교만하면) 지위나 목숨을 잃는다.

많은 성현들이 교만한 마음을 경계하는 말씀을 남겼다. 공자는 『논어』에서 "몸소 스스로 꾸짖는 것을 두텁게 하고 남을 꾸짖는 것은 얇게 하라(『논어』「위령공」)."고 하였다. 남의 실수는 너그럽게 대하고 자신의 잘못은 냉정하게 다시 돌아보라는 말씀이다. 공자는 "허물이 있으면 고치는 것을 주저하지 말라(『논어』「학이」)."는 말씀도 하셨다. 노자는 『도덕경』에서 자기를 앞세우지 않으면 교만한 마음이 없어지고 자기가 원하는 일을 이룰 수 있다고 하였다.

하늘과 땅이 영원할 수 있는 까닭은 나라는 의식을 만들어 내지 않기 때문이니 그러므로 영원할 수 있다. 따라서 성인은 자기를 앞세우지 않는데도 앞서고 자기를 도외시하는데도 보존된다. 자기라는 의식이 없기 때문에 그래서 자기의 일을 이룬다. (『도덕경』 7장)

하늘과 땅이 영원한 생명을 유지할 수 있는 비결을 노자는 '내가 했다는 생각이 없기 때문'이라고 하였다. 하늘은 때가 되면 비를 내려준다. 대가를 바라지 않고 그냥 무심하게 주기 때문에 오래도록 그 자리를 지킬 수 있는 것이다. 땅도 마찬가지다. 씨앗을 뿌리면 저절로 키워준다. 대가를 원하지 않는다. 그래서 땅도 영원한 생명을 누릴 수 있는 것이다. 유일하게 사람은 자기가 어떻게 하느냐에 따라서 생명이 오래갈 수도 있고 짧게 끝날 수도 있다. 지금 말하는 공자와 노자 같은 성인들은 자기를 앞세우지 않기 때문에 영원한 생명을 보존할 수 있지만 보통 사람들은 욕심이 있으므로 자기를 비우기 어렵다. 그래서 자신의 자리를 오래 유지할 수 없게 된다.

마르쿠스 아우렐리우스는 『자성록』에서 "모든 행동에 앞서 자신에게 이런 물음을 던지라. 이 행동이 나와 무슨 관계가 있는가? 이 행동을 하고 나면 후회하지 않을 것인가? 짧은 시간이 지나고 나면 나는 죽고 모든 것이 사라진다. 지금 나의 행동 방식이 이성적이고 공동체적이며 신과 동일한 법칙의 지배를 받는 존재의 행동 방식이라면 내가 무엇을 더 바랄 수 있겠는가?"라고 하였다. 무엇을 하든 아무 생각 없이 하지 말고 후회하지 않을 자신은 있는지, 그리고 이성적이고 공동체적인지, 신에게 물어 봐도 정당한 행동인지 돌아보고 실천하라는 말씀이다. 공자, 노자, 마르쿠수 아우렐리우스의 말의 공통점은 어떤 일이든 욕심을 쫓아서 하게 되면 상대방의 원망을 받아 자신의 자리를 잃게 되고, 반대로 마음을 비우고 양심을 쫓아서 하게 되면 자신의 자리를 영원히 지킬 수 있다는 말씀이다.

70. 滅身之斧 멸신지부

구설은 몸을 망치는 도끼다

君平曰 口舌者 禍患之門 滅身之斧也
군 평 왈 구 설 자 화 환 지 문 멸 신 지 부 야

군평(君平)이 말하였다. "시비하거나 헐뜯는 말은 재앙과 근심의 문이요, 몸을 망치는 도끼이다."

군평은 촉군 사람으로 한나라 때의 은사(隱士: 숨어 사는 선비)이다. 노장(老莊:) 사상에 심취하여 벼슬하지 않고 은거했다. 성도(成都: 한나라 서울)에서 점을 쳐서 생계를 유지했다. 매일 단지 몇 사람의 점을 봐주고 일상생활에 필요한 것을 얻으면 더 이상 다른 사람의 점을 봐주지 않았다. 노자를 연구하여 저서로 『노자지귀(老子指歸)』가 있다.

구설(口舌)은 입과 혀를 의미하는데 입과 혀로 남을 비난하는 말을 하면 재앙과 근심을 불러오는 문이 되고, 몸을 망치는 도끼가 된다. 그러므로 평소에 입과 혀를 잘 지켜야 하는데, 그러자면 말을 적게 하는 것이 최선의 길이다. 그 간단한 일이 쉽게 되는 것이 아니다. 그러므로 평소에 입과 혀의 뿌리인 마음을 조절할 수 있는 힘을 길러야 한다. 노자는 이런 의미로 "말이 많으면 궁해지기 쉬우니 속마음을 간직하여 침묵하는 게 어떨까?"라고 하였다. (『도덕경』 5장)

속마음을 간직하여 침묵하는 방법을 노자는 다음과 같이 말하였다. "텅 빈 극점에 도달하여 고요함을 철저하게 지키면 만물이 아울러 일어나나니 나는 만물이 거기로 돌아옴을 본다. 만물이 번성하여 온갖 자태를 뽐내지만 각각 돌아와 그 뿌리로 간다. 뿌리로 돌아가면 지극히 고요해 그것은 본질로 돌아가는 것. 본질의 세계는 불변(不變)의 세계, 불변의 세계를 알면 그제야 밝은 지혜 얻나니, 불변의 세계를 모르는 사람들 망령되어 온갖 고통 빚어내도다." (『도덕경』 16장)

노자는 텅 빈 극점 즉 속마음에 도달하면 지극히 고요해져서 더 이상 외부의 유혹에 흔들리지 않는 힘을 얻게 되고 그런 힘을 얻은 상태를 불변의 세계를 알았다고 한다. 불변의 세계를 알면 입과 혀로 상대방을 비방하는 말이나 행동을 하지 않게 된다. 이런 경지에 도달한 상태를 노자는 다음과 같이 말하고 있다.

불변의 세계를 아는 사람은 모든 것을 포용하나니 모든 것을 포용하는 사람은 나와 너의 구별이 없다. 그래서 모두 하나가 되면 각각의 사람이 주인공이 된다. 모두가 주인공이 되면 드디어 하나님이 되나니, 하나님은 진리 그 자체. 진리는 영원하므로 이 몸이 없어져도 걱정이 없다. (『도덕경』 16장)

불변의 세계를 깨달은 사람은 입과 혀를 함부로 놀리지 않고, 따라서 상대방에게 상처를 주는 행동과 말을 하지 않아서 모든 사람과 조화를 이루며 살아가게 된다. 그런 능력을 갖게 되면 스스로 주인공의 삶을 살게 되고 더 이상 바랄 것이 없는 사람이 된다. 그런 사람을 노자는 하나님이 된 것이라고 하였다. 하나님은 영원하므로 더 이상 죽음에 대한 두려움이 없게 된다. 이런 세계는 멀리 있지 않고 내 안에 있다고 노자는 간절하게 말하고 있다.

제4부

동학 수양법

삶이란 결국 관계의 그물 속에서 이루어진다. 가정 안에서부터, 이웃과 더불어 살아가는 공동체의 가장자리까지, 그 모든 결속의 시작은 공경과 절제, 그리고 조화의 힘에 달려 있다. 부모와 자식, 형제와 자매, 남편과 아내가 각자의 자리를 지키고 서로를 존중할 때, 그 삶은 비로소 안정을 얻는다.

명심보감은 작고도 단단한 진실을 되새긴다. 매일 마주하는 사람에게 던지는 말 한마디, 음식을 나누는 손길, 일상의 구석구석에 숨어 있는 정성과 예절이야말로 인간됨의 바탕이다. 이 장에 담긴 문장들은 단순히 도덕을 가르치려는 말이 아니다. 그것은 삶의 뿌리를 다지기 위한 말이며, 우리가 사는 세상이 좀 더 온화하고 고른 곳이 되기를 바라는 오랜 염원의 언어다. 이 작은 글들이 마음속에 조용히 스며들기를 바란다.

71. 行善禍遠 행선화원

선을 행하면 재앙은 멀어진다

東嶽聖帝垂訓曰 一日行善 福雖未至 禍自遠矣
동 악 성 제 수 훈 왈 일 일 행 선 복 수 미 지 화 자 원 의
一日行惡 禍雖未至 福自遠矣 行善之人 如春園之草
일 일 행 악 화 수 미 지 복 자 원 의 행 선 지 인 여 춘 원 지 초
不見其長 日有所增 行惡之人 如磨刀之石 不見其損
불 견 기 장 일 유 소 증 행 악 지 인 여 마 도 지 석 불 견 기 손
日有所虧
일 유 소 휴

동악성제께서 가르침을 내리면서 말씀하시기를 "하루 착한 일을 하면 복은 비록 오지 않지만 재앙은 저절로 멀어지고, 하루 나쁜 일을 하면 재앙은 비록 오지 않지만 복은 저절로 멀어진다. 착한 일을 하는 사람은 봄 동산의 풀과 같아서 (눈에 띄게) 자라는 것을 볼 수는 없지만 날마다 (조금씩) 자람이 있고, 악을 행하는 사람은 칼 가는 숫돌과 같아서 그 (숫돌의 날이) 없어짐을 볼 수는 없지만 날마다 없어지고 있다."

보통 사람은 좋은 일을 했는데 좋은 결과가 생기지 않으면 마음이 조급해진다. 대신 좋은 일을 한 것 때문에 재앙이 멀어지고 있다는 사실은 모르고 있다. 반대로 나쁜 일을 해놓고 재앙이 오지 않으면 안심하고 있지만 좋은 일이 멀어지고 있다는 사실도 모르고 있다. 한 치 앞을 보지 못하는 인간의 어리석은 단면이다.

그럼 어떻게 행동해야 할까? 우물을 팔 때 물이 나올 때까지 우물을 파는 것처럼 해야 한다.

해월 최시형은 평범하게 태어났지만 동학을 창도한 수운 최제우를 만나고 진리를 깨치기 위해 목숨을 걸고 수도를 한다. 그 결과 동학의 2대 스승이 된다. 동학의 도통을 계승한 것은 영광된 일이었지만 한편으로는 고난의 길에 들어서는 일이었다. 그날 이후 해월은 36년간 도망자 신세가 되었다.

그 길에서 고난이 닥칠 때마다 해월은 수련으로 자신의 운명을 개척해 나갔다. 도망자 신세지만 외진 사찰을 찾아 49일 수련을 1년에 서너 번씩 했다. 이런 수련을 10년 이상 한 결과 해월은 마음에 한 줌의 티끌도 남아 있지 않은 '성자(聖者)'가 되었다. 그래서 해월이 가는 곳마다 조선의 백성들은 순수하고 위대한 가르침에 매료되어 앞 다투어 동학에 귀의한다.

정부로부터 탄압받는 동학에 들어가는 것은 고난의 길이었다. 그러나 백성들은 알면서도 해월과 함께하는 길에 동참한다. 그만큼 해월의 인격과 동학의 가르침이 백성들의 마음을 사로잡았던 것이다. 봄 동산의 풀은 자라남을 쉽게 볼 수 없지만 어느 순간 활짝 성장해 있다. 동학의 세력도 봄 동산의 풀처럼 어느 날 정부를 능가하는 힘을 가지게 되어 이 땅을 지키는 중심 세력이 되었다. 비록 일본의 무력에 굴복했지만 조선에는 무력으로 꺾을 수 없는 정신적인 힘이 있다는 사실을 보여주었고, 3대 스승 손병희에게 계승되어 3.1운동을 주도하는 역할을 하게 된다.

72. 食淡神爽 식담신상

담백하게 먹어야 정신이 맑다

景行錄曰 食淡 精神爽 心淸 夢寐安
경행록왈 식담 정신상 심청 몽매안

『경행록』에 말하였다. "음식이 담백하면 정신이 상쾌하고, 마음이 맑으면 잠자리도 편안하다."

공자의 식사 습관은 『논어』「향당」편에서 소개하고 있다.

밥은 깨끗하게 정리된 것을 싫어하지 않았으며, 회는 가는 것을 싫어하지 않으셨다. 밥이 상하여 쉰 것과 생선이 상하고 고기가 부패한 것을 먹지 않으셨으며, 빛깔이 나쁜 것을 먹지 않으시고, 냄새가 나쁜 것을 먹지 않으셨으며, 요리를 잘못한 것을 먹지 않으시고 때가 아닌 것을 먹지 않으셨다. 자른 것이 바르지 않으면 먹지 않으시고, 음식에 맞는 장을 얻지 못하면 먹지 않으셨다. 고기는 밥의 양보다 적게 먹으셨고 술은 일정한 양은 없으셨으나 어지러움에 이르지 않으셨다. 시장에서 산 술과 포는 먹지 않으셨고 생강을 계속 드시고, 많이 먹지 않으셨다. (『논어』「향당」)

공자의 식사 습관은 요즘 말하는 건강밥상에 꼭 맞는다. 그래서일까 공자는 그 당시에 73세까지 살았으니 장수하셨다.

　퇴계 선생은 술을 마셔도 취하도록 마시지 않고 약간 거나하면 그만두었다. 손님을 대접할 때도 그 양에 따라 권하였으나 그 정만은 듬뿍하였다. 기름진 음식을 먹으면 체한 듯하여 속이 편하지 않았고, 반드시 담백한 음식을 먹어야 장과 위가 편안하다고 하였다. 선생은 20세 무렵에 몸을 돌보지 않고 『주역』을 공부하다가 건강을 해쳤다. 그 뒤로 평생 먹는 것을 조심하여 71세까지 살았으니 장수하셨다.

　동학의 3대 스승 손병희는 건강하게 살기 위해서는 네 가지를 잘 다스려야 한다고 하였다. 첫째, 마음을 지켜야 하니, 마음을 잠시라도 정맥(精脈)에서 떠나지 않게 해야 한다. 떠나지 않게 하는 방법은 일용행사에 21자 주문을 생각하고 생각하여 잊지 말고 마음과 기운 몸 세 가지를 잘 조절해야 한다. 둘째는 '정기(正氣)' 즉 기운을 바르게 하는 것이니, 기쁘고 성나고 슬프고 즐거운 것을 지나치게 하지 말아야 한다. 셋째, 음식조절이니 음식이 지나치면 위가 넘치고, 위가 넘치면 기운이 고르지 못하여 소화가 잘되지 않는다. 고기류는 해(害)가 많으며 술도 또한 해가 많으니라. 넷째는 거처와 몸을 깨끗하게 하는 것이다. 비록 흙집이라도 안팎을 아침저녁 닦고 쓸고 깨끗이 하며, 집 근처에 물을 버리지 말고 날마다 단속하여 닦고 깨끗이 할 것이며, 또 몸을 자주 목욕하라고 하였다.

　위 열거한 도인들은 모두 음식을 잘 조절하여 몸과 마음을 다스려 진리를 깨우친 분들이다. 그래서 그들은 깨달은 진리를 이 세상에 베풀었으니 멋진 인생을 살아가신 것이다.

73. 滿損謙益 만손겸익
가득함은 해롭고 겸손은 이롭다

書曰 滿招損 謙受益
서 왈 만 초 손 겸 수 익

『서경』에 이르기를 "가득차면 손해가 생기고, 겸손하면 이익을 받는다."

『서경』은 중국 고대의 임금 요·순·우·탕 등의 정치사상을 잘 볼 수 있는 오래된 역사책이다. 지금 인용되는 내용은 순(舜)임금에 관련된 것이다. 순임금은 평범한 농부에 불과했지만 요(堯)임금에 발탁되어 임금의 자리에 오르는 영광을 누리게 된다. 그 이유가 겸손이다. 순임금은 겸손했기 때문에 자신을 죽이려고 여러 가지 방법을 사용했던 계모인 어머니와 배다른 동생을 끝까지 처벌하지 않고 가정의 화목을 지켜내었다. 이런 과정을 지켜보고 요임금이 자신의 아들 대신 순에게 임금 자리를 물려준 것이다. 겸손하면 큰 이익을 받는다는 말을 순임금을 통해 증명한 것이다. 반대로 많이 소유하게 되면 손해를 가져온다. 『주역』의 겸괘에서 다음과 같이 말하고 있다.

하늘의 도(道)는 가득 찬 것을 덜어내고 겸손한 것을 더해 주며, 땅의 도는 가득 찬 것을 변하게 하고 겸손한 데로 흐르며, 귀신은 가득 찬 것을 해치고 겸손한 것을 복을 주고, 사람의 도는 가득 찬 것을 싫어하고 겸손한 것을 좋아하니, 겸손은 높고 빛나며, 낮되 넘을 수가 없으니, 군자의 끝마침이다. 겸은 땅 가운데 산이 있는 것이니, 군자가 보고서 많은 데에서 취하여 적은 데에 더해주어 물건을 저울질하여 베풂을 공평하게 한다. (『주역』「겸괘」)

『주역』에서는 하늘 · 땅 · 귀신 · 사람 모두 가득 소유하면 손해를 당하고 해치고 싫어한다고 하였다. 그리고 겸 괘의 모양을 땅 가운데 산이 있다고 하였다. 가장 낮은 땅이 높은 산을 품고 있는 모양이다. 비록 산과 같은 능력을 가지고 있을지라도 땅처럼 낮은 곳에 있는 사람들을 섬길 수 있는 자세가 없이는 유종의 미를 거둘 수 없다는 것이다.

조선 말기의 수운 최제우(1824-1864)는 무너지는 조선을 구제할 수 있는 새로운 사상을 구하기 위해 10년 이상의 수도 끝에 자신 안에 모시고 있는 한울님을 만나게 된다. 자신이 곧 한울님과 같은 위대한 존재임을 깨닫게 되었고, 동시에 다른 사람도 자신처럼 역시 한울님을 모시고 있는 위대한 존재임을 깨닫게 된다. 깨달음을 얻은 뒤에도 최제우는 1년 이상을 꼼꼼하게 연구하여 누구나 한울님을 만날 수 있는 방법인 '영부(靈符)'와 '주문(呪文)'을 준비하여 세상 사람들에게 전하기 시작했다. 그렇게 전 인생을 바쳐서 얻은 가르침을 찾아오는 누구에게나 대가를 바라지 않고 전해주었다. 참으로 산과 같은 높은 능력을 가지고 있으면서도 땅과 같은 낮은 것을 자신처럼 모실 수 있는 겸손의 미덕이 없으면 불가능한 삶의 자세였다.

74. 與人勿悔 여인물회

남에게 주었으면 후회하지 말라

施恩 勿求報 與人 勿追悔
시 은 물 구 보 여 인 물 추 회

은혜를 베풀었으면 보답을 구하지 말고, 남에게 주었으면 후회하지 말라.

우리는 자기도 모르는 사이에 남들로부터 많은 은혜를 받으며 살아간다. 우선 가장 큰 은혜는 하늘과 땅이 우리에게 베풀어 주는 것이다. 하늘은 우리에게 무상으로 비와 햇빛을 주고, 땅은 곡식과 각종 먹거리를 길러주어 우리에게 양식을 제공해준다. 이보다 더 큰 은혜가 없는데 우리는 과연 하늘과 땅에게 고맙다고 인사를 전해본 적이 있는가? 반대로 인간이 각종 유해물질을 만들어내어 하늘과 땅을 괴롭히고 있으니 은혜를 원수로 갚고 있는 것 같다. 동학의 2대 스승 해월 최시형은 그 누구보다 하늘과 땅을 얼마나 소중하게 여겼다.

하늘과 땅은 만물의 부모니라. 만물의 부모를 길이 모셔 잊지 않는 것을 깊은 물가에 이르듯이 하며, 엷은 얼음을 밟는 듯이 하여 지성으로 효도를 다하고 극진히 공경을 다하는 것은 사람의 자식 된 도리이다. 자식 된 사람들이 부모를 공경하지 않으면 부모가 크게 화를 내듯이,

하늘과 땅도 사람들이 공경하지 않으면 우리에게 큰 벌을 내릴 것이니 경계하고 삼가라. (『해월신사법설』「천지부모」)

해월 선생님은, 하늘과 땅이 사람을 만들어 내고 사람을 기르기 위해서 어릴 때는 어머님의 젖으로 어린 자식을 길러내었고, 성장하면 땅에서 곡식을 길러내어 사람을 기른다고 하셨다. 그러므로 곡식은 하늘과 땅이 사람에게 주는 '하늘과 땅의 젖'이라고 하셨다. 그래서 우리는 하늘과 땅이 주신 곡식을 먹을 때 감사하다는 인사를 드려야 하는데 그 인사법을 '식고(食告)'라고 하셨다. 밥을 먹기 전에 마음으로 밥을 우리에게 주신 하늘과 땅의 은혜를 생각하고 먹는 것이다. 이렇게 밥을 먹을 때마다 식고를 하다 보면, 하늘과 땅은 죽어 있는 물건이 아니라 우리에게 항상 은혜를 베풀고 계시는 부모님과 같은 살아 있는 존재로 다가온다. 식고로서, 살아 있는 부모님인 하늘과 땅에게 우리가 살아 있는 동안 언제까지나 고마움을 전할 수 있다.

해월은 항상 하늘과 땅 부모님(天地父母)에게 식고(食告)를 실천하며 살았다. 그래서 어린아이가 뾰족한 나막신을 신고 땅을 밟고 지나갈 때는 자신의 가슴이 짓밟히는 고통을 느꼈다고 하였다. 또 36년간 관군(官軍)들에게 쫓기면서도 가는 곳마다 감나무를 심었다. 그런 선생의 모습을 보고 제자가 "감나무 열매를 수확하려면 3년이 걸리는데 지금 심어도 선생님은 열매를 얻을 수 없다"고 질문하자 대답하시기를 "나는 못해도 누군가는 수확하지 않겠는가."라고 하셨다. 참으로 만물을 사랑으로 대할 때 할 수 있는 성인의 따뜻한 말씀이다.

75. 責己改過 책기개과

자기를 꾸짖고 허물을 고치라

景行錄云 責人者 不全交 自恕者 不改過
경 행 록 운 책 인 자 부 전 교 자 서 자 불 개 과

경행록에 말하였다. "남을 꾸짖는 사람은 교제를 온전히 할 수 없고, 자신을 용서하는 사람은 실수를 고칠 수 없다."

자기 실수를 다른 사람의 잘못으로 하면 그런 교제는 오래 갈 수 없고, 실수를 하고도 반성하지 않고 스스로를 용서해 버리면 다음에도 같은 실수를 반복하게 된다. 그러므로 남을 꾸짖기 전에 먼저 자신을 날카롭게 돌아보아야, 결국의 성공에 이를 수 있다.

공자의 수제자 안연은 화를 내더라도 다른 사람에게 옮기지 않았고(不遷怒), 같은 실수를 반복하지 않았다(不貳過)고 한다. 이렇게 할 수 있었던 이유를 공자는 '호학(好學)' 즉 배움을 좋아했기 때문이라고 하였다. 호학은 '글을 널리 배우고, 예로써 자신을 단속하는 것'이다. 공자가 『주역』을 얼마나 읽었던지 책을 묶은 가죽 끈이 세 번이나 끊어졌다고 하였다. 우리나라에서 불교의 새 길을 연 원불교의 창시자 박중빈은 자신을 돌아보는 방법을 다음과 같이 말하고 있다.

다른 사람을 올바르게 고치고자 하거든 먼저 자신을 고치고, 다른 사람을 가르치고자 하거든 먼저 자신이 배우고, 다른 사람의 은혜를 받고자 하거든 먼저 자신이 은혜를 베풀라. 그리하면 내가 원하는 것을 모두 이루는 동시에 상대방과 내가 골고루 화합하게 될 것이다. (『원불교교전』)

동학의 2대 스승 최시형은 공부할 때의 자세를 "배고플 때 밥 생각하듯이, 추울 때 따뜻한 옷 생각하듯이, 목마를 때 시원한 물 생각하듯이 하라"고 하였다. 그리고 세 가지의 구체적인 자세 즉 "배우는 것은 넓게, 질문하는 것은 자세하게, 행동은 독실하게"하라고 했다. 이런 태도로 꾸준하게 공부하다 보면 욕심은 끊어지고, 흐린 기운은 없어지는 대신에 맑은 기운이 모여들어 큰 깨달음을 얻게 된다고 하였다.

최시형은 남들보다 늦은 35세에 큰(동학) 공부를 시작했지만 성실하게 공부한 결과 높은 경지에 도달하게 되어 스승 최제우에게도 인정받았다. 결국 수운을 계승하여 동학의 2대 스승이 되고, 당시 방황하던 백성들을 이끌어 새로운 삶을 사는 길을 열어 주었다. 그 길은 '시천주(侍天主)'와 '사인여천(事人如天)'을 공부하고 실천하여 천민(天民), 천인(天人)이 되는 길이었다. 시천주, 즉 사람은 그냥 사람이 아니고 한울님을 모신 위대한 존재이니, 사인여천, 즉 사람을 섬길 때 한울님을 섬기듯이 하라는 가르침이다. 이런 진리를 접한 백성들도 함께 실천한 결과 자신만을 위하는 각자위심(各自爲心)의 삶을 살지 않고 공동체의 이익을 위한 동귀일체(同歸一體)의 큰 발걸음을 걷게 된 것이다.

76. 利重害深 리중해심
이익이 크면 해로움도 커진다

榮輕 辱淺 利重 害深
영경 욕천 리중 해심

명예가 가벼우면 욕됨도 가볍고, 이익이 많으면 손해도 많다.

맛 좋은 음식에 파리가 많이 모여들 듯이, 돈과 권력이 있는 곳에 사람들도 많이 모여든다. 정당하게 얻은 돈과 권력은 그 노력과 능력을 축하하고 칭찬할 일이지만, 부정한 방법으로 얻은 돈과 권력은 비난 받아 마땅하고 반드시 심각한 문제를 일으킨다는 점을 알아야 한다. 돈과 권력을 지키기 위해 죄가 죄를 낳는 악순환이 되풀이되고 결국 인간의 소중한 생명까지 잃게 된다. 이익이 많으면 손해도 많다는 진리를 가슴에 새겨야 하는 이유다. 큰 이익이 생길 때마다 자신이 잃어버린 것이 무엇인지 깊이 살펴야 한다. 동학(천도교)의 3대 스승 의암 손병희 선생님의 말씀이 그 법도를 말해준다.

육신은 백 년 살아가는 물체요, 성령은 하늘과 땅이 아직 열리기 전에도 있었던 것이다. 성령의 본 모습은 둥글고 둥글어서 속이 꽉 차

있고, 태어나지도 않고 죽지도 않으며, 더할 수도 없고 뺄 수도 없는 것이다. 그러므로 성령은 사람의 영원한 주인이요, 육신은 사람의 순간적인 손님에 지나지 않는다. 만약 성령이 지시하는 대로 살면 영원한 복을 받을 것이요, 육신이 지시하는 대로 살면 모든 일이 재앙에 가까울 것이다. 그런데 성령이 지시하는 대로 살면 육신이 고달프고 괴로움이 많을 것이고, 육신이 지시하는 대로 살면 성령은 가볍게 되니, 여러분들은 어느 길을 선택하겠는가? (『의암성사법설』「이신환성설」)

의암 선생의 말씀은 존재의 본질인 영원한 성령을 따라 살아야 한다는 것, 성령이 잠시 깃들어 사는 육신의 관념(지시)을 따라 살지 말라는 것이다. 그런데 문제는 성령이 지시하는 대로 살면 우리 육신이 힘들게 된다는 것이다. 그래서 대개의 사람은 육신이 편안한 길을 선택한다. 그 결과 우리의 본질인 성령은 육신에 끄달리며 살아가게 된다.

육신이 시키는 대로 사는 사람을 공자는 '소인'이라고 했다. 소인은 늘 재물을 생각하고 자신의 이익만 생각해서, 재물을 모으고 권력도 얻게 되더라도 어느 날 주위를 돌아보면 아무도 없고, 홀로 외로운 자신을 발견하게 된다. 그때는 후회해도 늦은 것이다. 후회하지 않으려면 공자는 어짊을 보고 따르며 어질지 못함을 보고 반면교사를 삼으라고 하였다; "어진 사람의 행동을 보면 그와 같아지기를 생각하고, 어질지 못한 사람의 행동을 보면 안으로 스스로 반성해야 한다."(『논어』「이인」)

우리는 어진 사람의 행동을 보면 닮아가려고 하기는커녕 비아냥거리고, 어질지 못한 사람의 행동을 보면 비난하기만 할 뿐, 마음속으로 반성하는 사람 보기 어렵다. 덕을 키우는 방법으로 가장 좋은 것이, 마음속으로 자신의 행동을 돌아보는 삶의 자세이다.

77. 疑人莫用 의인막용
사람을 의심한다면 기용하지 마라

疑人 莫用 用人 勿疑
의 인 막 용 용 인 물 의

사람을 의심하면 쓰지 말고, 사람을 쓰면 의심하지 말라.

사람을 기용하여 일을 맡긴 것은 이미 그 사람을 믿기 때문이다. 그런데 이미 일을 시작했는데, 계속해서 의심하다가 끝내 그만두게 하는 것은 차라리 처음부터 쓰지 않는 것이 서로에게 좋다. 그래서 사람을 쓸 때는 처음부터 신중하게 결정해야 한다.

사람을 믿고 써서 성공한 경우는 사례는 역사에 무수히 많다. 필자가 관심을 두고 열심히 공부하는 동학의 창시자와 계승자인 최제우와 최시형의 이야기도 그중 손꼽을 만한 사례이다. 동학을 창시한 사람은 수운 최제우(1824-1864)이다. 동학을 창시한 지 1년이 지난 뒤 가르침을 펴기 시작했는데, 수많은 사람이 몰려들었다. 그중에는 많이 배운 사람도 있었고 무식자도 있었으며, 부유한 이도 있었고 가난한 이도 있었다. 과부도 있었고 홀애비도 있었으며, 어른도 있었고 아이도 있었다. 최제우는 어떤 조건도 따지지 않고 모두를 평등하게 대했다.

해월 최시형도 이런 모습에 감동하여 독실한 동학도인이 되었다. 최시형은 어려서 잠시 서당에 다니면서 글공부를 했는데, 부모님이 일찍 돌아가셔서 공부를 더 이상 하지 못하고 남의 집 고용살이, 노동자, 화전민으로 어렵게 살아갔다.

그런데 최제우는 자신이 정립한 무극대도 동학의 도통(道統: 敎主의 직)을 무학자나 다름없는 가난한 화전민 출신 최시형에게 전해준다. 최시형보다 배움도 많고 경제력도 안정된 사람도 많았는데 최제우는 해월을 선택했다. 그것이 오히려 탁월한 선택이었다.

최시형은 자기에게 주어진 무거운 짐을 잘 소화했고 다음 계승지도 잘 선택하여 동학이 계속 이어질 수 있도록 했다. 최시형은 36년간 관의 추격을 피해 다니면서 스승님(최제우)의 진리를 민중들의 가슴속에 깊이 심어주었다. 그 핵심이 '시천주(侍天主)'이다. 모든 사람은 자신 안에 한울님을 모시고 있는 고귀하고 평등한 존재라는 것이다. 이 가르침 덕분에 백성들은 자신을 다시 돌아보게 되었고, 새로운 사회를 만드는 데 앞장서게 된다. 그것이 동학농민혁명이요 3.1만세운동이다. 동학농민혁명은 최시형의 영도(領導)로 준비되고 진행되었으며, 3.1 만세운동은 의암 손병희의 영도로 가능하였다. 그 둘은 모두 반봉건반외세나 자주독립만이 아니라, 새로운 세계를 건설하는 개벽운동이었다.

한국 현대사에서 K-한류의 오늘을 만나게 된 것은 멀리 보면 사람은 한울님을 모신 고귀하고 평등한 존재라는 사실을 깨달아 세상에 펴고, 민족의 독립에 앞장섰던 세 분의 탁월한 지도자가 있었던 덕분이다.

78. 飢寒發心 기한발심
춥고 배고프면 진리를 추구하게 된다

飽煖 思淫慾 飢寒 發道心
포 난 사 음 욕 기 한 발 도 심

배부르고 따뜻하면 사악한 욕심이 일어나고, 춥고 배고프면 진리를 추구하는 마음이 생긴다.

환경이 너무 좋으면 사람들은 게을러져서 점점 좋지 않은 길로 나아갈 가능성이 크다. 반대로 환경이 열악하면 그곳을 벗어나기 위해 열심히 노력하여 결국 자기 힘으로 성공의 길로 나아갈 수 있다.

이러한 진리를 알기에, 옛 선비들은 비록 여유가 있어도 스스로를 엄격한 절제와 규범 속에 자리매김하고 정진하기를 게을리하지 않았다. 공자님은 "군자는 먹을 때 배부름을 구하지 않으며, 거처할 적에 편안함을 구하지 않으며, 일을 민첩하게 하고 말을 조심하고, 도(道)가 있는 사람에게 나아가서 자신을 바로 잡으면 배움을 좋아한다고 말할 수 있다(『논어』「학이」)."고 하였다.

동학의 2대 스승 해월 최시형도 그런 사람이다. 해월은 일찍 부모님을 여의고 어려운 환경에서 살면서도 강인한 인내심과 강고한 노력으로 성실한 삶을 살아 나갔다.

그러나 해월은 여전히 마음속 오래된 의문을 버리지 못하고 있었다. '한 사람으로서, 나는 어떻게 살아야 하는가? 하루하루의 삶도 소중하지만, 세상에 태어나 고생하며 살아가는 보람을 더 크게 이루는 길은 없는가? 사람은 신분의 고하, 빈부의 격차, 지식의 다소, 권력의 대소에 따라 정해진 운명대로만 살아야 하는가…? 이러한 숙제를 해결하지 않고는 마음의 평화는 없을 것 같았다. 그러던 중 신유년(1861)에 이르러, 장에 나갔다가 이상한 소문을 듣게 된다. 경주 용담에 신인(神人)이 나왔는데 무엇을 질문하더라도 막힘없이 대답을 하고 심지어는 죽어 가는 사람도 살리는 재주를 가지고 있다고 하였다.

해월은 그날로 선물을 준비하여 경주 용담으로 갔다. 신인(최제우)은 해월을 보자 잘 오셨다고 하면서 오랫동안 알고 지내는 사람처럼 대해 주었다. 감명을 받은 해월은 그때부터 수운 선생이 가르쳐준 주문 21자를 독실히 공부했다. 해월이 어떻게 공부를 했는지 다음의 말씀에 잘 드러난다.

> 도(道)에 대한 한결같은 생각을 굶주릴 때 밥 생각 하듯이, 추울 때 옷 생각 하듯이, 목 마를 때 물 생각 하듯이 하라. (『해월신사법설』「독공(篤工)」)

해월은 도(道)에 대한 생각, 즉 학문도 이처럼 간절하게 묻고 답을 찾아나가야 한다고 말한다. '독공(篤工)'이란 진득하게, 꾸준히, 깊이 공부하는 것을 말한다.

해월은 수운이 가르쳐준 21자 주문을 외우고 또 외워 마침내 깨달음의 경지에 도달했다.

"기운이 모이고 신(神)이 모이어 환하게 깨달음이 있으리니, … 자리에 앉으면 숨결이 고르고 편안하며, 누우면 신이 그윽한 곳에 들어 하루 종일 어리석은 듯하며 기운이 평정하고 심신이 청명하니라." (『해월신사법설』「독공」)

선생은 이렇게 열심히 공부한 결과 멀리서 보면 어리석은 사람처럼 보였지만 말을 걸어보면 어떤 질문에도 막힘없이 대답하는 사람이 되었다.

79. 以還百姓 이환백성

백성에게 되돌려 주라

王參政四留銘曰 留有餘不盡之巧 以還造物
왕참정사류명왈 류유여부진지교 이환조물
留有餘不盡之祿 以還朝廷 留有餘不盡之財 以還百姓
류유여부진지록 이환조정 류유여부진지재 이환백성
留有餘不盡之福 以還子孫
류유여부진지복 이환자손

왕참정이 「사류명」에서 말하였다. "여유를 두어 재주를 다 쓰지 않았다가 조물주에 돌려주고, 여유를 두어 봉록을 다 쓰지 않았다가 조정에 돌려주고, 여유를 두어 재물을 다 쓰지 않았다가 백성에게 돌려주며, 여유를 두어 복을 다 누리지 않았다가 자손에게 돌려주라."

왕참정은 북송 진종 때의 정치가이며 학자이다. 「사류명(四留銘)」이란 네 가지를 다 쓰지 말고 남겨 놓았다가 돌려주라는 교훈을 좌우명(座右銘:)으로 삼은 것이다. 재주, 봉록, 재물, 복 등은 사람이라면 모두 좋아하는 것이지만 왕참정은 이를 남겨 두었다가 다음 사람들이 쓸 수 있도록 하라는 것이다.

우리 시대에는 여기에 더해 '지구'라는 우리 생존의 근본 터전조차 '남겨서 돌려주어야 한다'는 절체절명의 사명이 부각되고 있다. 지금의 지구 - 하늘과 땅과 그 안에 깃들어 사는 만물이 모두 인간이 남용한 결과(온실가스, 플라스틱 폐기물 등)를 고스란히 돌려받고 있는 중이다. 지금이라도 생각의 전환을 하지 않으면, 영영 돌이킬 수 없는 더 큰 위기가 다가올 것이다.

해월 최시형은 지금부터 약 200년 전 1827년 경주에서 태어났다. 가난한 속에서도 세상에 대한 의문과 더 나은 삶에 대한 희망을 버리지 않고 성실하게 살아가던 중, 동학을 창시한 수운 최제우 선생을 만났다. 수운은 천도의 이치와 함께 21자 주문을 알려주면서 부지런히 외우면 깨달음이 온다고 하였다.

해월은 스승의 말을 믿고 독공을 거듭하였다. 어느 추운 겨울날 잠을 쫓기 위해서 찬물에 갑자기 들어갔는데 공중에서 큰 소리가 들렸다. "찬물에 갑자기 들어가면 몸에 해롭다." 말은 평범하였지만, 그 기운은 거역할 수 없는 것이었다. 해월은 드디어 그토록 만나고 싶었던 한울님을 만났지만 그것이 한울님의 가르침이라기에는 너무 평범한 것이었다. 그러다 훗날 수운 최제우를 만나 이 경험을 전하였다. 수운은 묵묵히 그 이야기를 듣고 "이제 포덕하라."고 하였다. 해월이 한 경지에 도달했음을 인증(認證)한 것이다.

한울님이 하늘·땅·사람·만물을 짓고 그 안에 있으면서 모든 것을 간섭하고 계신다. 하늘에서 비가 오고 땅은 그 비를 받아서 만물을 기르고 있으니, 마치 부모님이 자식을 기르는 것과 같다. 그래서 하늘과 땅을 부모님(天地父母)이라고 하는 것이다. 그 부모님은 내 몸에 모시고 있으므로, 해월이 갑자기 찬물에 들어갔을 때, '찬물에 들어가는 것은 몸에 해롭다'는 말씀이 들려온 것이다. 해월은 이처럼 내 몸을 중심으로 한울님과 부모님(나의 육신을 잉태하고 출산하고 양육하여 주신), 그리고 해와 달과 별과 이슬과 바람까지가 모두 이어져 있음을 깨닫게 된 것이다. 그것이 훗날 만사지식일완(萬事知食一碗)의 가르침, 천지부모(天地父母)의 가르침, 삼경(三敬: 敬天, 敬人, 敬物) 등의 가르침으로 나타난 것이다.

　해월은 한울님의 말과 사람의 (바른) 말이 다르지 않음을 깨달았고(天語), 수운은 그 깨달음을 인증했다. 하늘과 땅은 더 이상 죽어 있는 물건이 아니고 살아 계시면서 만물을 기르는 부모님과 같은 존재라는 사실을 해월은 그 한 번의 체험으로 모두 통찰한 것이다. 이 사실을 깨달으면 어느 누가 내 몸과 마음과 인생과 지구를 함부로 하겠는가? 하루에 5분이라도 조용히 앉아서 21자 주문을 외워보자. 이것이 나를 살리고, 나아가 지구를 살리는 최선의 길이다.

80. 難塞鼻下橫 난색비하횡

입 놀리는 것을 막기가 어렵다

寧塞無底缸 難塞鼻下橫
영색무저항 난색비하횡

차라리 밑 빠진 항아리는 막을 수 있지만, 코 아래 가로로 놓인 입은 막기 어렵다.

입은 제멋대로여서, 그것이 잘못을 저지르는 것을 막기 어렵다는 말씀이다. 공자님은 '말을 교묘하게 하지 말라'고 하면서, '도리어 어눌하게 더듬듯 하면 실수가 적을 것'이라고 하였다. 맹자는 입·코·눈 등을 '소체(小體)' 즉 '작은 몸'이라고 하였다. 이것들은 늘 바깥 사물에 끌려 다닌다는 것이다. 이것을 조절하기 위해서는 '대체(大體)' 즉 '큰 몸'으로서의 마음을 먼저 굳건히 세우라고 하였다. 마음이 흔들림 없이 자리 잡으면 감각기관은 바깥의 사물에 끌려 다니지 않는다고 하였다. 즉 쉽사리 유혹에 넘어가지 않는다는 말이다.

마음을 굳게 세우는 방법으로 맹자는 '마음을 닦되, 너무 큰 기대를 하지 말고, 잊지 말고, 조장하지 말라'고 했다. 송나라의 주희는 이를 '주일무적(主一無適)'이라는 철학적 용어로 표현하였다. 지금 하는 일에 집중하는 것이다. 집중을 위해 불교에서는 화두를 들거나 염불을 하였다. 유학(성리학)에서는 경전의 구절을 암송하였고, 동학(천도교)에서는 21자 주문을 되풀이해서 외운다.

퇴계 이황은 말할 때 기색이 부드럽게 하고 어투는 온화하여 말의 조리가 분명하고 뜻이 발랐기 때문에 잡다한 이견에 휩쓸리지 않았다. 이야기할 때는 반드시 상대방의 말이 끝난 뒤에라야 천천히 한마디로 분명히 조리를 따졌으나 반드시 자신의 의견이 옳다고는 하지 않고, '나의 의견은 이러한데 어떨지 모르겠다.' 하였다.(정순목 지음,『퇴계 평전』) 천도교의 3대 스승 손병희는 말을 잘하는 법을 다음과 같이 설명했다.

말로 하는 전쟁이란 무엇인가? 말이란 것은 속에 있는 생각을 드러내는 믿을 만한 것이요, 사실 있는 그대로를 알게 하는 기본이라. 속에 있는 생각을 드러내어 사물에 베푸는 것이라. 그 나오는 것이 모양은 없으나 소리가 있고, 그 쓰는 것이 그렇지 않은 때가 없으니, 사건의 진행 과정에서는 말로 작은 것도 분석하고, 말의 논리는 지극히 정미로와서 생존하는 것과 전쟁을 일으키는 것이 모두 말에 관계하니 믿지 않을 수 있겠는가. 이러므로 옛 선비가 말하기를 '때가 된 뒤에 말을 하라' 한 것은 이것을 말한 것이니라. (『의암성사법설』「언전」)

퇴계와 의암 선생의 공통점은 자신이 말을 할 때가 된 뒤에 말을 하여 상대방과 다툴 일을 만들지 않았다는 것이다. 남의 말을 듣지 않고 때가 되지 않았는데 말을 하여 서로의 감정을 상하는 일이 많은 요즘 사람들이 깊이 새겨 볼 일이다.

81. 士志於道 사지어도

선비는 도에 뜻을 두라

子曰 士志於道而恥惡衣惡食者 未足與議也
자왈 사지어도이치악의악식자 미족여의야

공자께서 말씀하셨다. "선비가 진리에 뜻을 두면서 나쁜 옷과 나쁜 먹을거리를 부끄러워하는 사람은 진리를 함께 의논할 가치가 없다."

공자는 진리를 깨우치기 위하여 공부에 매진한 사람이다. 공자가 강조한 진리의 내용은 인(仁)을 말씀한 것 중에 잘 드러난다. 공자는 인을 설명할 때 사람에 따라 서로 다르게 말했다. 예를 들면 공부가 아직 미진한 번지에게는 인은 '사람을 사랑하는 것'이라 했고, 공부를 많이 한 안연에게는 '자기를 이기고 남에게 양보하는 마음을 회복하는 것'이라고 했다. 각자 수준에 맞춰서 이해와 더불어 공부심을 자극하는 공자의 가르침의 방법이다.

공부하는 데 가장 방해가 되는 것이 먹는 것과 입는 것이다. 먹는 것과 입는 것에 신경을 쓰면 공자가 말한 인을 깨우쳐 실천하기 어렵다. 그러나 의(衣)와 식(食)을 신경쓰지 않는 것은 그것을 아무렇게나 대하는 것이 아니라, 오히려 철저히 격식을 지킴으로써, 예외를 최소화하는 데 있다. 공자는 그렇게 입는 것과 먹는 것을 해결하고,

대부분의 일상을 스스로 공부하고 또 제자들을 가르치는 데 집중할 수 있었다.

그렇게 하여 공자는 마흔 살에 유혹에 흔들리지 않게 되었고, 쉰 살에 하늘이 자기에게 바라는 바가 무엇인지 알았고, 예순 살에는 어떤 소리든 달게 들을 수 있게 되었고, 일흔 살에는 '마음이 하고 싶은 대로 해도 세상의 규칙을 어기지 않는 경지'에 이르렀다. 공자가 불교식으로 하면 점오점수(漸悟漸修: 지속적으로 깨달음 추가하며 끊임없이 닦아 나감)의 방법을 취하였다면, 돈오점수(頓悟漸修: 어느 날 문득 깨달아 일상에서 실천하며 지속적으로 닦아 나감)의 방식으로 깨달음을 얻는 사례도 있다.

수운 최제우는 진리를 깨우치기 위해서 양산에 있는 천성산에 들어가서 49일 기도를 두 번이나 했다. 최제우가 49일 기도를 택한 것은 기천(祈天)을 통해 절대적 진리 주체를 만나 즉각적인 깨달음(直覺)을 이루고자 한 것이다. 최제우가 그때 공부(기도)한 장소(寂滅窟)는 자연동굴이다. 이런 곳에서 하루라도 공부할 수 있을까 하는 마음이 생길 만큼 열악한 곳이다. 그때 수운은 먹고 입는 것을 최소한의 수준으로 하는 길을 택했다. 진리를 깨우치지 않으면 산에서 내려가지 않겠다는 간절한 마음을 가지고 공부에 몰입하고자 하는 각오를 하였던 것이다.

이 기도를 시작으로 5, 6년의 기천 수도를 계속한 결과 최제우는 한울님(절대적 존재)으로부터 가르침을 받아 진리를 깨우치고 동학을 창시하였다. 최제우가 사람들에게 동학을 통해서 전한 진리는 모든 사람은 '한울님을 모신 위대한 존재'라는 것이다. 새로운 시대를 열어가는 사람들에게 가장 알맞은 가르침을 전한 것이다. 먹고 입는 것의 문제를 시의적절하게 해결하였기에 그 경지에 도달할 수 있었다.

82. 至察無徒 지찰무도
지나치게 따지면 친구가 없다

家語云 水至淸則無魚 人至察則無徒
가 어 운 수 지 청 즉 무 어 인 지 찰 즉 무 도

『가어』에 말하였다. "물이 지극히 맑으면 고기가 없고, 사람이 지극히 살피면 친구가 없다."

'가어'는 『공자가어』로, 공자의 언행과 세상에 드러나지 않은 이야기를 모은 책이다. 현재 전하는 것은 10권이다.

너무 맑은 물은 물고기의 먹이가 없다는 뜻도 된다. 또 물고기가 숨을 곳이 없다는 말도 된다. 그래서 물고기가 살 수 없는 것이다. 요즘은 '너무 맑아서'가 아니라 '너무 더러워서' 물고기가 없다. 다행히 몇 년 전부터 하천이 깨끗해지고, 물고기가 돌아오는 곳이 많아졌다.

사람이 너무 살피면 친구가 없다는 것은 자신의 이익만 보고 손해를 보려고 하지 않으면 친구가 없게 된다는 말이다. 『논어』에서는 "벗들에게 자주 올바른 이야기를 하면 서로 멀어진다(『논어』「이인」)."고 하였다. 잘못을 감싸라는 뜻이 아니라, 친구 사이에 시비를 다투는 일을 만들지 말라는 것이다. 동학의 해월 최시형은 사람을 대하

는 이치를 다음과 같이 말하였다.

> 사람을 대하고 물건을 접함에 악(惡)을 숨기고 선(善)을 찬양하는 것으로 주된 일로 하라. 저 사람이 포악으로써 나를 대하면 나는 어질고 용서하는 마음으로써 대하고, 저 사람이 교활하고 거짓으로 말을 꾸미면 나는 정직하고 순수하게 받아들이면 자연히 나에게 돌아와 변화할 것이다. (『해월신사법설』「대인접물」)

쉬운 말로 되어 있지만, 실천하기는 어렵기 그지없는 덕목이다. 상대방이 나에게 포악하게 대접하면 최소한의 방어적 행동을 하게 마련이다. 해월은 이때에도 어질고 용서하는 마음으로 대하라고 한다. 이짊은 인(仁)이고, 용서는 서(恕), 곧 공자님 가르침의 2대 종지(宗旨)와도 통한다. 그러나 해월의 사상은 공자가 아니라 스승인 수운 최제우에게서 유래한다.

스승 수운이 해월에게 가르쳐준 공부 방법은 선비들이 했던 '사서오경'을 열심히 읽는 게 아니었다. 물론 이치공부도 하였지만, 특히 21자 주문 공부에 용맹 정진하는 것이 주된 공부법이었다. 쉽고 간단하면서도 공부의 강도(強度)는 강력하였다. 해월은 오로지 스승의 말을 믿고 주문 공부에 매진한 결과 불과 1년이 지나지 않아 큰 깨달음을 얻게 된다. 그 후로 포덕(布德: 동학에서 도와 학을 전파하는 일)에 전념하여 해월 주위로 사람들이 몰려들었고, 그가 살던 지역을 따서 '검악포덕(劍岳布德)'의 별칭을 얻기도 했다.

83. 酒不醉人 주불취인
술은 취하지 않는다 사람이 취한다

酒不醉人人自醉 色不迷人人自迷
주 불 취 인 인 자 취　색 불 미 인 인 자 미

술이 사람을 취하게 하는 것이 아니라 사람이 스스로 취하고, 여색이 사람을 미혹시키는 것이 아니라 사람이 스스로 미혹된다.

술에 대해 예수님과 부처님은 먹지 말라고 하였다. 그런데 유일하게 공자님은 술에 대해서 관대하다. 공자는 "술의 양에는 정해 놓은 것이 없지만, 정신이 어지러움에 이를 정도까지는 가지 않았다."라고 하였다. 예수와 부처보다 공자의 경지가 도달하기는 어렵지만 그래도 마시는 것 자체를 금하지는 않았으니, 보통 사람으로서는 그저 고마울 따름이다. 어렸을 때 경험으로 보면 공자가 술을 마시게 한 이유를 알 수 있다. 농사를 짓다 보면 힘들고 지칠 때 술(農酒) 한 잔은 농부들에게 다시 일할 힘을 주는 에너지원이 되었다.

그러나 이런 '호과(好果)'를 빌미로, 대개 사람들이 술을 너무 많이 먹어서 문제가 발생한다. 보통 사람은 술에 대해서는 공자의 말씀을 들을 것이 아니라, 송나라의 선비 범질의 말을 명심해야 한다. 범질은 "술은 사람을 미치게 하는 약이요, 아름다운 맛이 아니다. 조심하고 후덕한 성품을 흉하고 위험하게 하니 옛날부터 지금까지 술 때문에 망한 사람이 매우 많다"고 하였다.

여색 역시 술과 마찬가지로 조심해야 할 것이다. 이덕무는 「사소절」에서 선비들의 여색을 경계하는 모습을 다음과 같이 말하고 있다.

> 정암 조광조 선생은 용모가 옥같이 아름다웠으므로 사람들이 좋아하고 사모하였다. 선생이 젊었을 때 어느 객사에 들러 머리를 빗고 있었는데, 때마침 어떤 한 젊은 여자가 서울에서 오다가 선생을 보고 점점 가까이하면서 가려 하지 않았다. 선생은 행여 그녀가 잠자리에 침입할까 염려하여 갑자기 그곳을 떠나 다른 집으로 옮겼다. (이덕무 지음, 『사소절』)

조광조는 자신이 먼저 피하여 위기를 모면했다. 술과 여색은 참으로 극복하기 어려운 것이다. 그래도 방법은 있다. 공자는 여색을 좋아하는 만큼 덕(德)을 좋아하면, 술과 여색의 유혹을 이길 수 있다고 하였다. 덕을 좋아하는 것이 구체적으로 무엇일까? 동학을 천도교로 개칭한 의암 손병희는 「이신환성설(以身換性說)」이라는 법설(法說: 가르침, 경전)에서 덕과 색(色)의 경계를 분명히 하였다. '이신환성'이란 몸(身)을 위주로 한 관념을 성령(性)으로 위주로 한 관념으로 전환시킨다는 의미이다. 몸이 색이라면 성령이 덕이다.

손병희는 "몸은 백년밖에 살지 못하지만, 성령은 영원히 사는 존재"라고 하였다. 그러므로 백년밖에 못 사는 몸에 집착할 것이 아니라, 영원히 사는 성령을 기르고 밝히는 데 모든 노력을 기울이라고 하였다. 손병희는 그 방법으로 동학의 21자 주문을 부지런히 외우면 마음이 3단계로 변화하면서 세속의 유혹으로부터 초탈하는 경지에 도달하게 된다고 하였다. 3단계란 허광심(虛光心), 여여심(如如心), 자유심(自由心)이다. 허광심은 마음에 있던 욕심이 없어지면서 빛이 나는 단계이고, 여여심은 빛이 나면서 더욱 성령과 하나 되어 세상 모든 것을 수용하는 단계이고, 마지막으로 자유심은 말 그대로 술과 여색을 비롯한 세속의 어떠한 유혹에 동요되지 않는 자유인이 되는 것이다.

84. 人受諫聖 인수간성
충고를 받아들이면 성인이 된다

子曰 木從繩則直 人受諫則聖
_{자 왈 목 종 승 즉 직 인 수 간 즉 성}

공자가 말씀하였다. "나무는 먹줄을 따르면 곧아지고, 사람은 타인의 충고를 받아들이면 성스러워진다."

목수가 나무를 절단할 때 먹줄을 그은 다음 먹줄을 따라 자르면 곧게 절단할 수 있다. 사람도 지금보다 한 걸음 더 나아가려면 자기가 아는 데만 의존해서는 불가능하다. 모범이 될 다른 사람들의 가르침을 끊임없이 수용하여 자기 것으로 삼는 공부가 필요하다. 그것을 공자는 '사람은 타인의 충고를 받아들이면 성스러워진다'고 한 것이다.

공자도 젊었을 때 노자를 뵙고 가르침을 청했다. 그때 노자는 '상선약수(上善若水)'의 가르침을 전수하였다. '가장 좋은 것은 물처럼 하는 것'이라는 뜻이다. 노자는 '물은 만물을 이롭게 하면서도 공을 다투지 않고, 모두가 싫어하는 곳에 있으므로 진리에 가깝다'라고 하였다.

물이 없으면 만물은 생존할 수도 성장할 수도 없다. 그럼에도 물은 자신 때문에 만물을 키웠다고 자랑하지 않는다. 물은 모든 더러운 것을 씻어낸다. 걸레로 방이나 마루를 닦고는 마지막에 물로 걸레에 묻은 오염물질을 제거한다는 이야기는 물의 정화 작용을 상징적으로 말해준다. 오염물을 물에 씻으면, 물은 그것을 받아들여 스스로 더러워지면서 사물을 정화시킨다. 이런 물의 일을 사람들이 배운다면 세상은 갈등과 분노, 슬픔과 상실이 사라지지 않겠는가. 어쩌면 공자를 있게 한 것도 그 팔할은 물(上善若水)의 가르침이 아니었을까.

퇴계는 아버지를 일찍 여의고 홀어머니 밑에서 성장하였다. 열두 살 때 숙부에게서 『논어』를 배울 때 처음으로 사물의 이치에 대해서 깨닫게 되었다. 그때 눈이 열렸다. 세상은 어떤 원리에 의해서 움직인다는 것이었다. 그것을 주자는 '이치'라고 하였다. 부모에게는 효도하는 것, 어른을 공경하는 것이 이치이다. 세상 만사의 이치를 열심히 공부하다가 나중에 하나의 근본적인 이치를 깨닫는 것이 주자의 공부법이다. 퇴계는 젊은 시절에 주자를 만남으로서 자신의 인격을 성장시킬 수 있었고, 평생 공부할 목표를 세울 수 있었다.

그렇게 열심히 공부하여 68세에 선조 임금에게 「성학십도(聖學十圖)」를 선물하였다. '성학십도'란 성인이 되는 공부법을 열 개의 그림으로 만들고 간단하게 설명도 붙인 것이었다.

수운은 열일곱 살에 아버지를 잃고 3년 상을 치른 뒤 10년간 방황하였다. 그리고 천성산에서 두 차례 49일 기도를 하고, 마지막으로 아버지가 물려준 용담정에서 한울님을 만나고 가르침을 받는다. 한울님이 주신 21자 주문과 영부를 가지고 세상을 다시 여는(다시개벽) 큰일을 시작한다. 수운은 4년 만에 순도하였으나 오늘에 이르러 역사와 삶의 세계 모두에 큰 족적이 남았고, 여전히 빛을 전파하고 있다.

85. 立身有義 입신유의

성공하는 출발점은 효도이다

子曰 立身有義而孝爲本 喪祀有禮而哀爲本 戰陣有
자 왈 입 신 유 의 이 효 위 본 상 사 유 례 이 애 위 본 전 진 유
列而勇爲本 治政有理而農爲本 居國有道而嗣爲本
열 이 용 위 본 치 정 유 리 이 농 위 본 거 국 유 도 이 사 위 본
生財有時而力爲本
생 재 유 시 이 력 위 본

공자께서 말씀하셨다. "몸을 세우는 데 올바른 길이 있으니 효가 근본이 되고, 초상과 제사에 예법이 있으니 슬픔이 근본이 되고, 전쟁에서 진을 치는 대열이 있으니 용맹이 근본이 되고, 정치를 하는 데 도리가 있으니 농사가 근본이 되고, 나라를 지키는 데 길이 있으니 후계자를 세우는 것이 근본이 되고, 재물을 생산하는 데 때가 있으니 힘이 근본이 된다."

부모님이 살아 계실 때 자식이 도리에 어긋난 행동을 하면 모든 잘못은 부모님에게 돌아간다. 그래서 자식은 모든 말과 행동이 혹시 부모님에게 허물이 돌아가지 않을까 조심하게 된다. 그러므로 효도가 자식을 바로 세우는 방법이 된다는 것이다. 필자의 어머니가 올해 여든세 살이다. 그동안 자식의 도리를 하느라 열심을 다했으나, 하루하루 쇠약해지는 어머님을 볼 때마다 마음이 조급해진다. 그래서 공자는 자식은 부모님의 나이를 알아야 한다고 했다.

부모님과 이별하면 행하는 예법을 '초상(初喪)'이라고 한다. 초상을 치를 때는 예법을 따라 하지만, 만약 슬픔(마음)이 없다면 예법을 아무리 성대하게 하더라도 의미가 없다. 매년 돌아가신 날에는 제사를 모시게 된다. 제사 역시 예법대로 하면 되지만, 만약 슬픔(마음)이 없다면 제사의 의미가 없을 것이다. 요즘은 제사를 지내지 않거나 간단하게 지내는 것이 유행이다. 시절의 운수에 따라 예법이 변하는 것은 막을 수 없지만, 부모님을 생각하는 마음은 한결같아야 한다.

이웃 나라와 전쟁을 하지 않으면 좋겠지만 불가피하게 전쟁을 하게 될 때를 대비하여 군대를 유지하고, 평소에 늘 훈련을 한다. 그런데 아무리 좋은 전술을 연마한다 해 용기가 없다면 진법(陳法)은 무용지물이 되고 만다.

동학의 3대 스승 손병희는 1910년에 조선이 일본의 식민지가 되자 '10년 안에 나라를 되찾겠다'고 결심한다. 그런데 아무리 결심한다고 해도 당시 일본의 압도적인 무력에 정면으로 대적하여 이길 수는 없었다. 그때 손병희는 동학(천도교) 지도자들을 소집하여 49일 기도를 시켰다. '이신환성(以身換性)'을 위한 교양과 훈련을 한 것이다. 이신환성은 "몸을 위주로 한 관념을 성령(性靈)을 위주로 한 관념으로 전환한다."는 것이다. 몸은 죽지만 성령은 영원히 사는 것이다. 기도를 통해서 자신의 존재가 영원히 사는 성령이라는 사실을 깨달으면 죽음에 대한 두려움이 없어진다. 이 힘으로 3.1 독립만세 운동을 전개하고, 비폭력으로 폭력에 맞서 민족의 독립혼을 일깨웠다. 그 산 혼(生魂)이 훗날 광복을 가능하게 하는 원동력(原動力)이 되었다.

86. 家和萬事成 가화만사성
가정이 화목해야 모든 일이 잘 된다

子孝雙親樂 家和萬事成
자효쌍친락 가화만사성

자식이 효도하면 부모가 즐겁고 집이 화목하면 모든 일이 잘 된다.

효도의 방법은 크게 두 가지가 있다. 하나는 물질적 풍요와 안락으로 부모를 기쁘게 해드리는 것이고, 둘은 부모의 마음을 잘 헤아려 편안하게 해드리는 것이다. 두 가지 모두가 조화를 이루는 것이 바람직하지만, 쉬운 일은 아니다. 둘 중에서 좀 더 중요한 것은 마음을 편안하게 해드리는 것이다. 풍족한 용돈이나 맛난 음식을 대접해 드린다 해도 자식들이 불화한다면, 어느 부모가 자식이 있음을 기뻐하겠는가? 자식들이 어느 정도 화목해야 부모님이 편안하게 살 수 있을까?

그 모범답안을 동학(천도교)의 2대 스승 해월 최시형이 말씀하신 「부화부순(夫和婦順)」이라는 글에서 볼 수 있다. "남편은 화평하게 하고 부인도 또한 평화롭게 응대하여 조화를 이룬다."는 것이다. 해월은 사람들이 진리를 깨달았는지 아닌지를 알려면 부부가 서로 조화를 이루어 평화롭게 사는지 아닌지를 보면 된다고 말한다.

부부(內外)가 화순(和順)하면 천지(天地=天地父母, 즉 한울님)가 안락하고 부모도 기뻐하며 내외가 불화하면 한울이 크게 싫어하고 부모도 화를 내니, 부모가 내내는 곧 천지(한울님)가 화 내는 것이니라. 천지가 편안하고 즐거워하는 미묘한 것은 보기 어려우나, 화내는 형상은 당장에 보기 쉬우니, 크게 두렵고 두렵도다. (『해월신사법설』「부화부순」)

해월은 부부가 평화롭게 살면 혈육의 부모만이 아니고 온 우주(天地父母)가 모두 기뻐하신다는 것이다. 부부가 서로 다투기를 일삼으며 불화하면 부모가 화를 내는 것은 물론이고, 한울님이 화를 내게 되니, 이는 곧 재앙으로 돌아오게 된다. 해월은 부부의 조화로움과 불화가 곧 한울님의 복을 부르기도 하고, 화(禍)를 자초하기도 하는 단초라고 말한다. 그러면서 남편에게 아내를 잘 섬기라고 당부하고 있다. 아내(부인)가 왜 중요한지 해월의 말씀을 들어보자.

부인은 한 집안의 주인이니라. 한울을 공경하는 것과 제사를 받드는 것과 손님을 접대하는 것과 옷을 만드는 것과 음식을 만드는 것과 아이를 낳아서 기르는 것과 베를 짜는 것이 모두 부인의 손이 닿지 않는 것이 없느니라. (『해월신사법설』「부화부순」)

해월은 집안의 모든 일은 부인의 손이 닿아야 이루어진다는 점을 들어, 부인이 한 집안의 주인임을 선포한다. 위에서 열거하는 일들은 그전과 하나도 달라진 것이 없다. 오히려 일했다는 흔적은 잘 남지 않고 부인(여성)을 괴롭게 하던 '무급 노동'에 지나지 않았다. 그런데 해월은 이들 '하찮은 노동'의 가치를 재발견하고, 그것을 주도하는 것이 여성이라는 점을 들어 여성이야말로 한 집안의 주인이라고 하는 것이다. 여기서 '집안'은 곧 세상(사회)의 가장 기본단위의 공동체를 말한다. 해월이 말하고 싶은 것은 부인의 이러한 노동(돌봄노동)이 집안을 알리고, 세상을 살린다는 이치라고 할 수 있다.

그런데 남편(남성)은 부인(여성)의, 혹은 그들이 하는 일의 위대함을 알지 못하고 세상을 자신(남성)들이 좌우한다고 믿으며 살아 왔던 것이다. 이런 과거의 잘못된 인식과 습관을 버리고 새롭게 태어나려면 남편, 즉 남성이 먼저 화평한 삶의 태도를 회복해야 하는 것이다.

해월은 사람다운 삶의 자세를 회복하기 위해서 기회가 될 때마다 49일 기도를 실시했다. 이렇게 공부한 결과 해월은 아내도 사람이기 때문에 화를 내더라도 같이 싸우지 말고 아내에게 마음과 정성을 다하여 절을 하라고 하였다. '한번 절하고 두 번 절하여 온순한 말로 화내지 않으면 아내도 반드시 온순하게 될 것이니 이렇게 절하고 이렇게 절하라.'(『해월신사법설』「부화부순」)

87. 知心幾人 지심기인
마음을 알아주는 이가 몇이나 될까

相識 滿天下 知心 能幾人
상 식 만 천 하 지 심 능 기 인

얼굴을 아는 사람은 세상에 많이 있지만, 마음을 아는 사람은 몇 사람이나 있겠는가?

세상을 살다 보면 많은 사람을 만나고 사귀지만 서로 얼굴을 아는 정도를 지나 마음까지 들여다보고 나누며 지내는 사이는 많지 않다.

서로 마음까지 알고 나누는 사람이 많다면, 그는 행복하고 이미 성공한 사람이지만, 세속적으로도 성공할 가능성이 높다. 왜냐하면 어려운 문제가 있으면 마음을 아는 사람은 상대방의 고민을 알면 해결해주고 싶기 때문이다. 그러나 얼굴만 아는 관계는 상대방의 고민을 알더라도 지나치고 만다. 그럼 얼굴을 아는 것과 마음을 아는 것은 무슨 의미를 가지고 있는지 살펴보자.

맹자는 얼굴을 소체(小體) 즉 작은 몸이라 했고, 마음을 대체(大體) 즉 큰 몸이라 했다. 소체의 특징은 생각을 하지 못해서 외부 사물에 잘 끌려다니는 것이라 했고, 대체의 특징은 생각을 할 수 있기 때문에 중심을 잡아서 외부 사물에 쉽게 넘어가지 않는다고 하였다. 맹자가 정의하는 얼굴과 마음의 관계에 있어서 우리가 알 수 있는 것은 마음의 기능인 생각하는 것을 잘 사용하게 되면 자신이 우뚝 서서 외부의 유혹에 흔들리지 않는 것은 물론이고 상대방의 마음까지도 이해하게 되어 서로의 관계를 우호적으로 맺을 수 있다는 것이다. 맹자는 마음의 내용으로 측은지심 · 수오지심 · 사양지심 · 시비지심 네 가지로 설명하고 있다. 측은지심은 불쌍한 사람을 보면 도와주고 싶은 마음이고, 수오지심은 정의롭지 않은 사건을 보면 부끄러워하는 마음이고, 사양지심은 상대방에게 양보하는 마음이고, 시비지심은 옳고 틀린 것을 판단하는 마음이다. 이 네 가지 마음을 잘 넓히고 채우면 세상을 경영할 수 있는 큰 힘을 가지게 된다고 하였다.(『맹자』「공손추 상」)

마음을 잘 알고 넓히고 채워서 조선이 위기에 처했을 때 조선의 백성들에게 큰 힘을 준 가르침이 출현했는데 그 이름이 '동학(東學)'이다. 동학은 동쪽에서 만들어진 학문이라는 뜻이다. 특징으로는 동양과 서양의 가르침을 종합하여 '서학(西學:천주교)'에서는 절대자 한울님을 우리가 가까이 할 수 없는 존재라고 했지만, 동학에서는 자신 안에 모시고 있다고 하였다. 그래서 자신이 모시고 있는 한울님을 잘 넓히고 채우면 사람이 곧 한울님과 같은 위대한 존재가 된다고 하였다. 이것은 당시 조선의 신분에 따라서 사람의 서열을 정하는 법을 파괴하는 것이고, 열심히 공부하여 자신 안에 있는 한울님을 만나면 누구든지 소중한 존재가 된다는 신분의 평등함을 주장한 가르침이었다.

 동학을 창시한 최제우는 평등함을 주장하였기에 역적으로 몰려 일찍 죽고 제자 최시형은 조선의 백성들에게 평등한 가르침을 전파하는데 온 힘을 기울인다. 이것이 가능했던 것은 스승 수운의 마음을 제자 최시형이 누구보다 잘 알았기 때문이다. 최제우가 동학의 가르침을 완성하기 전에 양산 천성산에서 49일 수련을 두 번이나 했다는 사실을 아는 사람이 많지 않다. 불교의 대중화를 이끈 신라의 원효대사와 평등한 가르침을 만든 조선의 최제우가 모두 천성산에서 공부하여 완성했다는 사실을 널리 알렸으면 좋겠다.

88. 日久見人心 일구견인심
세월이 지나야 사람 마음을 안다

路遙知馬力 日久見人心
노 요 지 마 력　일 구 견 인 심

길이 멀어야 말의 힘을 알 수 있고, 시간이 오래되어야 사람의 마음을 볼 수 있다.

요즘의 자동차에 해당하는 것이 예전에는 말이었다. 가까운 거리야 별 차이가 없겠으나, 거리가 멀다면 지구력과 속도에 따라 편차가 클 것이다. 이럴 때 생각나는 것이 천리마다.

옛날에 천리마를 얻고 싶은 왕이 있었는데 오랫동안 구할 수가 없었다. 그러자 어떤 이가 나서서 자기에게 1천 냥을 주면 천리마를 구해오겠다고 하였다. 그는 3개월을 돌아다닌 결과 천리마를 찾았는데 이미 죽어 있었다. 그런데 그는 낙담하는 대신 죽은 천리마를 500냥에 사서 왕에게 들고 갔다. 분노한 왕에게 그는 태연하게 말했다.

"왕께서 천리마를 구하지 못한 것은 천리마가 세상에 없기 때문이 아닙니다. 왕이 천리마에 흔쾌히 비싼 값을 지불할지를 백성이 믿지 못하는 것입니다. 만약 왕이 죽은 천리마를 오백 냥에 샀다는 소문이 난다면 머지않아 전국에 있는 훌륭한 천리마들이 모두 모여들 것입니다."라고 하였다. 왕은 이 말을 듣고 수긍하였고 채 1년이 지나지 않아 귀한 천리마를 여러 마리나 구할 수 있었다. (유향 지음, 『전국책』)

한 나라의 왕이 천리마를 구하는 것도 이처럼 쉽지 않은데, 하물며 사람의 마음을 얻고자 하는 경우는 더욱 주의를 기울여야 할 것이다. 마음은 크게 양심과 욕심으로 나눌 수 있다. 두 마음이 싸우다가 양심이 승리하면 다행이지만 욕심이 승리하면 그의 인생은 험난해진다.

어떻게 하면 양심이 욕심을 이기고, 늘 드러나는 상태를 만들 수 있을까? 동학의 2대 스승 해월 최시형은 36년간 조선 왕조의 추적을 피해 강원도와 충청도의 험준한 산맥을 이용하여 옮겨 다녔다. 다행히 36년간 붙잡히지 않고 새로운 사상, 즉 '사람이 하늘'이라는 당시로서는 상상하기도 힘든 위대한 가르침을 이 땅의 백성들에게 전할 수 있었다. 해월이 스승 수운의 가르침을 백성들에게 더 친근한 말로 풀고, 또 감동과 동감을 자아낼 수 있었던 것은 해월이 49일 기도 수련을 일 년에 여러 번 하면서, 한울님 마음 즉 양심을 잘 길렀던 덕분이다. 해월은 그 방법을 다음과 같이 말하였다.

사람의 마음은 원래 한 가지인데 그 씀에 따라서 한울님 마음(양심)으로 드러나기도 하고 사람의 마음(욕심)으로 드러나기도 한다. 같은 물과 불도 인간에게 이롭기도 하고 해롭기도 한 것처럼 마음은 한울님 마음으로 사람의 마음을 다스려야 이롭게 되는 것이다. 사람의 마음도 이치에 합당하게 사용하여 마음과 기운이 조화를 이루면 한울님 마음이 되고, 마음이 감정에 흐르면 마음이 너그럽지 못하고 좁아져서 사람의 욕심이 앞서고 결국 궁지에 몰리게 된다. 그러므로 마음을 공부(修道)하는 사람은 마차를 부리는 사람이 말을 잘 다스려 목적지까지 안전하게 도착하듯이 사람도 자신의 마음을 잘 다스리면 화가 변하여 복이 되고 재앙이 변하여 좋은 결과가 생길 것이다. (『해월신사법설』「이심치심」)

제5부

원불교 수양법

　인생의 길이는 누구도 헤아릴 수 없으되, 하루를 살아가는 방식은 스스로 선택할 수 있다. 죽음이란 두려움의 대상이 아니라, 삶의 거울이며, 매 순간을 얼마나 정직하게 살아가는가를 묻는 무언의 물음이다. 그러므로 오래 사는 것보다, 바르게 사는 것이 귀하고, 많은 것을 이루는 것보다, 허물을 남기지 않는 것이 더 깊다.
　명심보감의 마지막 장은, 죽음을 이야기하면서도 삶을 말한다. 불확실한 미래보다 지금의 마음을 지키는 것이 우선이며, 욕망을 줄이는 것이 곧 생을 연장하는 길임을 가르친다. 해 아래 태어난 모든 것은 언젠가 스러지기에, 더욱 신중히, 더욱 가볍지 않게 하루를 살아야 한다는 말은 오늘의 우리에게도 결코 낯설지 않다. 진실은 언제나 조용하며, 오래된 말일수록 더욱 깊다. 이 마지막 문장들에 깃든 고요한 울림을 오래도록 곱씹을 수 있기를 바란다.

89. 萬事從寬 만사종관
모든 일은 너그럽게 하라

萬事從寬 其福自厚
만 사 종 관 기 복 자 후

모든 일을 너그럽게 처리하면 복이 저절로 두터워진다.

너그럽게 일을 처리한다는 것은 어떤 일을 할 때 자기 이익만 생각하지 않고 상대방의 입장을 고려하며 결정하는 것이다. 실천하기 어려운 만큼, 그렇게 하면 결과적으로 자신에게 두터운 복이 돌아온다.

이해인 수녀는 사람들과의 관계를 원만하게 유지하기 위해서는 "자신의 거칠고 뻣뻣한 면들을 겸손과 인내와 절제의 소금으로 조금씩 가라앉힐 줄도 알아야 한다."고 말한다. '거칠고 뻣뻣한 면'이란 무엇일까? 첫째, "남을 무시하고 전적으로 자기만 옳다고 주장하는 독선과 아집'이고, 둘째, "자신의 실수나 잘못은 깊이 반성할 틈도 없이 다른 사람의 결점과 잘못만을 가차 없이 비난하는 말이나 행동"이다. '겸손과 인내와 절제의 소금'이란 무엇인가? "사랑과 용서, 이해와 관용의 소금으로 아픔과 쓰라림을 참으며 죽일 줄"아는 마음과 태도이다. 그 끝에 이해인 수녀님은 간절히 기도한다.

"이 시대의 불의와 어둠을 탓하며 목소리를 높이거나, 성급하고 충동적인 저항의 큰 몸짓을 하기 전에 우리는 먼저 자신의 삶과 내면을 제대로 가꾸고 돌아보는 지혜를 키워야 하지 않을까."(이해인 지음, 『꽃삽』)

이 세상의 화평을 위해서는 상대방의 결점을 비판하는 걸 앞세우기보다 사랑과 용서, 이해와 관용의 자세를 먼저 가져야 한다는 것이다. 이는 공자의 "덕불고 필유린(德不孤 必有隣)"과도 통한다. "덕을 쌓으면 외롭지 않고 반드시 이웃이 생긴다."는 것이다.

우리의 역사에서 덕을 쌓으며 인생을 경영한 결과 큰 복을 받으신 분이 있으니 바로 이순신 장군이시다. 원불교의 소태산 박중빈(1891-1943) 대종사는 다음과 같이 말씀하셨다.

이 충무공은 그 마음 쓰는 것이 도가 있었다. 그는 높은 위치에 있으나 마음에 넘치는 바가 없이 모든 군졸과 생사고락을 같이 하였고, 권세를 잃어 일개 마졸이 되었으나 또한 마음에 원망과 타락이 없이 말 먹이는 데에 전력을 다하여 말을 살찌게 하며, 때로 말에게 이르기를 '네 비록 짐승일지언정 국록을 먹고 이만큼 자랐으니 국가 존망의 시기를 당하여 힘을 다하라'고 타일렀다 하며, 편안하고 명예스러운 일은 다른 장군에게 돌리고 어렵고 명색 없는 일은 자신이 차지하여 오직 위를 섬김에 충성을 다하였고, 아래를 거느림에 사랑을 다하였으니, 과연 그는 지와 덕을 겸비한 성장(聖將)이라, 나라 일이나 천하 일을 하는 사람들이 다 같이 거울삼을 만한 분이니라. (『원불교교전』)

90. 聞善從喜 문선종희

좋은 일을 들으면 기뻐하라

康節邵先生曰 聞人之謗 未嘗怒 聞人之譽
강절소선생왈 문인지방 미상노 문인지예
未嘗喜 聞人之惡 未嘗和 聞人之善 則就而和之
미상희 문인지악 미상화 문인지선 즉취이화지
又從而喜之 其詩曰 樂見善人 樂聞善事 樂道善言
우종이희지 기시왈 락견선인 락문선사 락도선언
樂行善意 聞人之惡 如負芒刺 聞人之善 如佩蘭蕙
락행선의 문인지악 여부망극 문인지선 여패난해

소강절 선생이 말씀하셨다. "다른 사람의 비방을 들어도 화내지 말고, 칭찬을 들어도 기뻐하지 말라. 다른 사람의 나쁜 점을 들어도 동화하지 말고, 좋은 점을 들으면 가서 함께 기뻐해라." 선생은 시에서 말씀하셨다. "착한 사람 보기를 즐겨하며, 착한 일 듣기를 즐겨하며, 착한 말 하기를 즐겨하며, 착한 뜻 실천하기를 즐겨하며, 다른 사람의 나쁜 점을 들으면 가시나무를 등에 진 것 같이 여기며, 다른 사람의 좋은 점을 들으면 난초를 가슴에 지니듯이 여겨라."

소강절(1011-1077)은 중국 송나라의 학자다. 그는 공부를 열심히 하여 다른 사람의 평가에 흔들리지 않고 자신의 길을 묵묵히 걸어갔다. 그는 다른 사람이 나를 비방하더라도 화내지 말고, 칭찬하더라도 기뻐하지 말며, 오직 네 가지를 즐겁게 실천하라고 하였다. 착한 사람 만나기, 좋은 일 듣기, 좋은 말 하기, 좋은 생각 하기 등이다.

원불교를 창시한 소태산 대종사는 제자 이순순에게 다음과 같이 마음을 안정시키는 방법을 자상하게 일러주고 있다.

사람에게는 항상 움직일 때 아니면 고요할 때가 있는데, 특히 중요한 것은 고요할 때 안정을 이루는 것이다. 고요할 때 안정을 이루는 길 또한 두 가지 방법이 있다. 하나는 밖으로 고요함을 이루는 것이고, 둘은 안으로 고요함을 이루는 것이다. 밖으로 고요함을 이루는 방법은 바깥 사물이 자신을 반응하게 할 때 큰 뜻을 세우고 좋은 일이면 반응하여 일을 이루고, 나쁜 일이면 반응을 하지 않아서 잘못된 결과를 만들지 말아야 한다. 이렇게 하면 정신을 흔들리게 하는 뿌리를 제거하게 된다. 안으로 고요함을 이루는 일은 일이 없어서 고요하면 잡념이 일어나는데 이때 잡념을 제거하는 방법으로 염불(念佛) 즉 부처님의 명호를 외우거나, 아니면 고요히 앉아서 자신의 본성을 관찰하는 좌선(坐禪)을 하여, 일어나는 잡념을 잠재우고 온전한 근본정신을 키우는 것이다. 이렇게 안과 밖으로 고요함을 이루는 공부를 해야 진정으로 마음의 안정을 이루게 된다. (『대종경』「인도품」)

소강절이 살았던 송나라 때나 박중빈이 살았던 조선 말기는 밖으로는 이민족이 침입하고 안으로는 관료들이 타락하여 백성들이 여러모로 살기 어려운 시대였다. 이때에 무공을 세우는 일도 훌륭하지만, 사람들의 마음의 안정을 얻게 한 것은 더할 나위 없이 훌륭한 업적이 아닐 수 없다. 그 가르침은 오늘에도 귀한 말씀으로 다가온다.

91. 保生寡慾 보생과욕

생명력을 지키려면 욕심을 적게 하라

景行錄曰 保生者 寡慾 保身者 避名 無慾 易 無名 難
경행록왈 보생자 과욕 보신자 피명 무욕 이 무명 난

『경행록』에 말하였다. "삶을 지키려는 사람은 욕심을 적게 가져야 하고, 몸을 지키려는 사람은 명예를 멀리해야 한다. 욕심을 없애기는 쉬우나, 명예를 멀리하는 것은 어렵다."

맹자(B.C. 372-289)는 사람은 본래 착했는데 악(惡)하게 된 것은 욕심 때문이라고 하였다. 그리고 욕심은 몸의 감각기관 때문에 일어난다고 하였다. 눈은 더 좋은 것을 보려는 욕심에, 귀는 더 좋은 소리를 들으려는 욕심에, 코는 더 좋은 냄새를 찾으려는 욕심, 입은 더 맛좋은 음식을 먹으려는 욕심에 진실을 호도하거나 놓치게 한다. 이럴 때 맹자는 힘, 즉 호연지기(浩然之氣)를 길러 욕심을 다스리라고 하였다.

동학의 2대 스승 해월 최시형은 수제자인 손병희의 마음 용량을 키우기 위해 밥솥을 여러 번 걸게 하는 사건이 있었다. 해월과 제자들이 49일 기도를 하기 위해 절을 한 귀퉁이를 빌려 숙식을 하게 되었는데, 해월은 손병희에게 아궁이를 만들어 밥솥을 걸라고 하였다.

손병희는 정성을 다해 진흙으로 부엌을 만들어 밥솥을 걸었지만, 웬일인지 해월은 손병희에게 아궁이를 다시 만들도록 하였다. 손병희는 묵묵히 아홉 번이나 아궁이를 고쳐 만들었다. 요동치는 마음이 처음부터 일지 않았는지, 그 마음을 억누르고 다스렸는지 지금으로서는 알 수 없으나, 겉으로 화를 내지 않는 그 마음 용량이 있었기에 손병희는 동학 3대 스승이 되었고, 3·1운동을 영도할 수 있었을 것이다. 손병희는 그야말로 호연지기를 가진 인물이었다.

원불교를 창시한 소태산 박중빈은 제자들의 마음 용량을 키우기 위해 공장, 식당 등에서 일을 하게 하였다.

> 이렇게 시키는 것은 모든 쇠를 풀무 화로에 넣고 달구고 때리고 또 때려서 잡철(雜鐵)은 모두 버리고 좋은 쇠를 만들어 세상에 필요한 기구를 만들려고 하는 것이니, 너희들은 그러한 괴롭고 힘든 경계에서도 진리를 탐구하여 마음의 용량을 키워야 범부의 잡철은 떨어지고 정금(精金) 같은 불보살을 이룰 것이다. 그러므로 저 풀무 화로가 아니면 좋은 쇠를 만들지 못할 것이요, 괴로운 경계의 단련이 아니면 뛰어난 인격을 이루지 못할 것이니, 너희들은 이 뜻을 알아서 항상 안심과 즐거움으로 생활해 나가라. (『대종경』「인도품」)

두 분의 일을 통해서 사람은 편안한 환경에서는 큰일을 이루지 못하고, 괴롭고 힘든 환경이라야 큰일을 이룬다는 맹자의 말씀을 마음 깊이 새겨 본다.

92. 妄動致禍 망동치화
함부로 움직이면 화를 부른다

濫想 徒傷神 妄動 反致禍
람상 도상신 망동 반치화

지나친 생각은 정신을 다치게 하고, 분별없는 행동은 재앙을 부른다.

지나친 생각은 마음이 중용을 지키지 못하고 한쪽에 집착했을 때 일어난다. 어려운 문제가 생겼을 때 거기에 몰두하다가 마음을 다치는 경우도 여기에 속한다. 이럴 때는 모든 일을 한꺼번에 해결하려고 하지 말고 순서를 잡아 하나씩 처리하다 보면 해결의 순간이 찾아온다. 억지로 애쓰지 않는 대신에 그 문제를 잊어버리지 말고, 지금 당장의 눈앞의 일에 최선을 다해야 하는 것은 물론이다.

분별없는 행동 역시 생각이 중용을 지키지 못해서 일어난다. 결국 지나친 생각과 분별없는 행동의 관계는 중용을 사이에 두고 서로가 서로의 원인이 된다. 중용을 지키는 법에 대해, 원불교의 2대 스승 정산 송규(1900-1962) 종사는 다음과 같은 길을 제시한다.

때로 혹 나와 상대를 분별하는 마음이 일어나서 무슨 일에 공정하지 못한 생각이 있거든 바로 자신의 성품에 돌이켜 비추어서 원래 분별

없는 그 자리를 생각할 것이요, 때로 혹 차별의 마음이 일어나서 아랫사람을 가볍게 여기는 생각이 나거든 바로 자신의 성품에 돌이켜 비추어서 원래 차별 없는 그 평등한 자리를 생각할 것이요, 때로 혹 번뇌가 일어나서 정신이 스스로 안정되지 못하거든 바로 자신의 성품에 돌이켜 비추어서 원래 번뇌 없는 그 청정한 자리를 생각할 것이요 … 때로 혹 생사(生死)의 경우를 당하여 삶의 애착과 죽음의 공포가 일어나거든 바로 자신의 성품에 돌이여 비추어서 원래 생멸 없는 그 법신 자리를 생각할 것이요, 때로 혹 법상(法相: 진리를 깨달았다는)이 일어나서 대중과 동화하지 못하거든 바로 자신의 성품에 돌이켜 비추어서 모양 없는 그 자리를 생각하라. (『정산종사법어』)

정산은 모든 것을 차별 없는 자신의 성품에 맡기라고 하지만 쉬운 길은 아니다. 좀 더 현실적인 조선의 주세붕(1495-1554)의 말씀이 있다.

두려워해야 할 것 조짐이고, 막아야 할 것 미세한 것이네. 조짐을 살피지 않으면 결과를 알 수 없고, 작을 때 막지 않으면 위험이 닥치니, 일찍부터 미리 분변하지 않으면 후회해도 소용없네. 주역에서는 서리 밟기에 비유했으니, 서리를 밟으면 차갑지만 처음에야 무슨 해(害)가 되겠는가? 하지만 계속해서 밟다 보면 굳은 얼음이 되지. 조짐이 자라게 해서는 안 되니 … 작은 데서 큰 것 도모하는 자는 흥하고, 쉬울 때에 어려움을 생각하지 않는 자는 망한다 하네. 경계하고 경계하게 이 장을 명심하게. (주세붕 지음, 『이상잠』)

93. 責人責己 책인책기
남을 꾸짖는 마음으로 나를 꾸짖어라

范忠宣公 戒子弟曰 人雖至愚 責人則明 雖有聰明
범충선공 계자제왈 인수지우 책인즉명 수유총명
恕己則昏 爾曹 但常以責人之心 責己 恕己之心 恕人
서기즉혼 이조 단상이책인지심 책기 서기지심 서인
則不患不到聖賢地位也
즉불환부도성현지위야

범충선공이 자제들을 경계하면서 말씀하시기를 "사람이 비록 지극히 어리석을지라도 남을 꾸짖는 데는 밝고, 비록 총명함이 있으나 자기를 용서하는 데는 어둡다. 너희들은 다만 항상 남을 꾸짖는 마음으로 자신을 꾸짖고, 자기를 용서하는 마음으로 남을 용서하면 성인과 현인이 되는 것을 걱정하지 않아도 된다."

범충선공은 중국 북송의 재상으로 아버지는 유명한 유학자인 범중엄(989-1052)이다. 일반적으로 남의 단점은 눈에 잘 보이기 때문에 꾸짖기 쉽다. 반대로 자신의 단점은 인식하지 못하거나 비록 알게 되더라도 타협해 버리기 쉽다. 그래서 남을 꾸짖는 마음으로 자신을 꾸짖고, 자기를 용서하는 마음으로 남을 용서하면 훌륭한 인격을 갖춘 사람이 된다. 현대의 성자로 불리는 다석 류영모의 말도 이를 말한다.

사람들은 제 잘난 맛에 산다. 이것이 교만이다. 교만이 깨지고 겸손해야 한다. 풍선이 터지듯 허세의 바람이 빠져야 한다. 망상이 없어지고 실상에 깨어나야 한다. 그리하여 내가 못난 줄을 알아야 한다. 내(自我)가 없어져야 한다. 그래야 마음이 가라앉고 거울같이 빛나게 된다. 그때 참나(眞我)인 얼이 빛난다. 무념무상한 마음이 얼이다. 제나(自我)가 없는 마음은 깨끗이 식색(食色)을 초월한다. 식색을 초월한 사람이 부처이다. (박영호 지음, 『류영모 명상록』)

원불교를 창시한 소태산 박중빈의 말도 이를 가리킨다.

사람이 서로 사귀는데 좋은 인연이 오래가지 못하는 것은 대개 생각할 것을 생각하지 못하고, 생각 안 해도 될 것은 또 생각하기 때문이다. 생각할 것을 생각하지 못한다는 것은 자기가 무슨 방면으로든지 남에게 은혜를 입고도 그 은혜를 잊어버리며 그에 따라 은혜 준 처지에서 나에게 섭섭함을 줄 때는 의리 없이 상대하는 것이고, 생각 안 해도 될 것을 생각한다는 것은 자기가 무슨 방면으로든지 남에게 은혜를 준 뒤에 보답을 바라는 마음이 있어서, 저 은혜 입은 사람이 나에게 잘못할 때는 지난날에 은혜 입혔다는 생각으로 더 미워하는 마음이 생기는 것이다. … 그대들은 이런 이치를 잘 알아서 생각할 것은 반드시 생각하고, 생각 안 해도 될 것은 반드시 생각하지 않아서, 서로 사귀는 사이에 그 좋은 인연이 오래가게 할지언정 그 인연이 낮은 인연으로 변하지 않도록 주의하라." (『대종경』 「인도품」)

94. 愛子孫賢 애자손현
자손이 어질게 되기를 바라고 행동하라

人皆愛珠玉 我愛子孫賢
인 개 애 주 옥 　 아 애 자 손 현

사람들은 모두 보석을 아끼지만, 나는 자손의 현명함을 아낀다.

보석은 지금은 내 손에 있더라도 언젠가는 떠나보내야 할 물건에 불과하다. 그러나 자손이 현명하면 그 귀함은 사후(死後)까지 이어진다. 어떻게 해야 현명한 자손을 두게 될 것인가?

일반적으로 부모들은 자녀들을 공부시켜 좋은 직업을 얻게 하는 목표를 추구한다. 그러나 좀 더 현명한 부모라면 자손들의 능력만이 아니라 성향과 취향을 잘 살펴야 한다. 이렇게 하려면 먼저 부모가 사람보는 눈이 현명해져야 한다.

소태산 대종사가 영산에 머물 때 새로 입도한 교도 한 사람이 음식과 폐백을 갖추어 올렸다. 소태산은 그와 이런 문답을 나누었다.

"그대가 이와 같이 예를 표하는 것은 감사하지만, 그대의 마음 여하에 따라서는 오늘의 따뜻한 정이 후일에 변하기도 하니, 그대는 그 이치를 알겠는가?" 그 사람이 아뢰기를 "어찌 공연히 변할 리가 있겠습니까?" 대종사 말씀하시기를 "그것은 그대의 구하는 마음 여하에 따라 좌우되나니, 그대가 나를 따르되 그대가 원하는 것이 나에게 있는 것이라면 우리는 영구한 인연이 되지만, 만일 나에게 없는 것을 그대가 원한다면 우리의 사귐은 오래가지 못할 것이다."(『대종경』「인도품」)

소태산 대종사는 도를 공부하러 온 사람에게 '나에게 있는 것을 찾아야지, 나에게 없는 것을 찾는다면 우리의 인연은 오래가지 못할 것'이라고 말한다. 소태산 대종사가 다른 사람들에게 줄 수 있는 것은 진리에 도달하는 길을 안내하는 것이다. 만약에 대종사에게 이것을 찾지 않고 부와 명예를 얻고자 한다면 번지수를 잘못 찾은 것이다. 부모도 마찬가지다. 자손들의 능력과 성향을 잘 살펴서 자손들에게 맞는 길을 가게 해야지 무조건 부나 명예를 찾는 길을 가라고 하면 결국 자녀들과 원수 될 것이 틀림없다.

조선시대 선비 도암 이재(1680-1746)의 어머니 가르침에서도 이를 엿볼 수 있다. 어머니는 아들 이재가 과거에 급제하자 기뻐 눈물을 흘리면서 당부하기를 "네가 귀하게 된 것이 기쁘지 않을 수 없구나, 그러나 높은 사람 되기는 쉬워도 좋은 사람 되기는 어렵다. 나는 이것을 근심한다." (박수밀 지음, 『옛 공부벌레들의 좌우명』)

95. 憐兒與棒 연아여봉
아이를 사랑하거든 매를 들어라

憐兒 多與棒 憎兒 多與食
연 아 다 여 봉 증 아 다 여 식

아이를 사랑하거든 몽둥이로 많이 때리고, 아이를 미워하거든 밥을 많이 주어라.

엄격하게 가르치는 것이 결국 아이를 사랑하는 길이고, 어려서부터 관대하고 후하게만 대우하는 것은 아이를 미워하는 길이라는 뜻이다.

요즘은 매를 들어 아이를 때린다면, 설령 자기 자녀라 할지라도 범법 행위로 처벌받을 수 있다. 학교에서 선생이 그렇게 해도 마찬가지고, 사회적으로 큰 뉴스거리로 등장할 것이다.

필자가 학교를 다닐 때만 하더라도 선생님께 매를 많이 맞았다. 그때는 당연하다고 생각했고 반항할 엄두를 내지 못했다. 그러나 오늘날에는 상황이 역전되었다. 요즘 아이들은 핸드폰 중독이 심각하여 수업 중에도 핸드폰을 하다가 선생님이 제지하면 거칠게 반항하는 경우가 많다. 그래도 선생님은 강하게 제지하지 못한다. 간혹 그렇게 했다가 '아동 학대' '정서적 학대' 시비에 휘말리기 십상이어서

다. 매를 사용할 수는 없지만 매에 버금가는 방법이 필요한 시점이다.

아이에게 밥을 많이 주는 것은 그 아이를 미워하는 것이라는 말은 '많은 밥'이 생각하는 것을 방해할 뿐 아니라, 결핍함을 모르며 자라는 것이 학문의 길이나 자아완성에 대한 간절함을 방해하여 결국은 그 아이의 인생을 망치게 하는 길이라는 점을 말하는 것이다.

그럼 부모(선생님)와 자녀(학생)는 어떤 자세로 서로를 상대해야 할까? 소태산 박중빈은 서로를 대하는 자세를 다음과 같이 말하고 있다.

> 기술을 배우는 사람은 스승에게 기술의 판단을 받아야 할 것이요, 도학을 배우는 사람은 스승에게 옳고 그름의 판단을 받아야 할 것이니, 기술을 배우는 사람이 기술의 판단을 받지 아니하면 그 기술은 좋은 기술이 되지 못하고, 도학을 배우는 사람이 옳고 그름의 판단을 받지 않으면 그 공부는 필요한 공부가 되지 못할 것이다. 그러므로 내가 항상 그대들에게 일과 이치 사이에 잘 한다, 잘 못한다 하는 판단을 내리는 것은 그대들로 하여금 굽은 길을 피하고 바른 길을 가게 하고자 하는 것인데, 만일 나에게 판단 받기를 꺼린다든지, 잘 한다, 잘못한다 하는 데에 불만을 가진다면 본래 배우러 온 목적이 무엇이며, 공부는 어떻게 나아지겠는가? 나뿐 아니라, 누구든지 정당한 비판과 충고는 그대들의 앞길에 좋은 약이 되는 것인데, 그 앞길을 열어 주는 은인에게 혹 원망을 가진다면 또한 은혜를 배반하는 사람이 되지 않겠는

가? 그런즉 그대들은 내가 그대들에게 잘 한다, 잘못한다 하는 것이나, 세상이 잘 한다, 잘못한다 하는 것에 다 같이 감사하는 마음을 가지는 동시에 공부의 참된 방법을 얻어 가기에 더욱 힘쓰기 바랍니다. (『대종경』「수행품」)

96. 人亦信之 인역신지

내가 나를 믿어야 남도 나를 믿는다

自信者 人亦信之 吳越 皆兄弟 自疑者 人亦疑之 身外
자신자 인역신지 오월 개형제 자의자 인역의지 신외
皆敵國
개적국

스스로를 믿는 사람은 남도 또한 믿어주어 오월과 같은 원수의 나라도 모두 형제가 되고, 스스로를 의심하는 사람은 남도 또한 의심하여 자신 외에는 모두 적의 나라가 된다.

'하늘은 스스로 돕는 사람을 도와준다'는 속담이 있다. 스스로를 돕는 사람은 자신을 믿고 최선을 다하는 사람이다. 자기를 믿는 사람은 어떤 난관이 닥쳐도 끝까지 일을 마칠 수 있다. 결국 그 일은 성공하기 십상이다. 반대로 스스로를 의심하는 사람은 이미 자신 안에서 분열되어 있어서 일을 끝마치기도 어렵다. 그 일은 실패하기 마련이다.

오나라와 월나라는 역사상 유명한 원수의 나라다. 오나라 왕 합려가 월나라의 왕 구천과 싸우다가 패해 죽으면서 아들 부차에게 원수를 갚으라고 당부하였다. 부차는 온갖 고난을 마다하지 않고 준비하며 때를 기다렸다. 이 소식을 들은 월나라 왕 구천이 먼저 오나라로 쳐들어갔지만, 부차에게 크게 패해 포로가 된다. 그런데 구천이 충성을 맹세하고 목숨을 부지하였다.

구천 역시 부차에게 온갖 모욕을 겪으면서 때를 기다렸다. 구천의 의심을 풀고 월나라로 돌아간 구천도 자신 겪은 수모를 되갚기 위해 10년간 준비를 거듭했다. 드디어 구천은 오나라를 쳐서 이기고 부차는 자결하게 된다. 이 이야기에서 '와신상담(臥薪嘗膽)'이라는 말이 나왔다. '와신'은 오나라 부차가 아버지 원수를 갚기 위해 장작나무 위(거친 잠자리)에서 잠을 잤다는 것이고, '상담'은 월나라 구천이 원수를 갚기 위해 아주 쓴 쓸개 맛을 보면서 때를 준비했다는 말이다.

생사가 갈리는 살벌한 전쟁에서만 와신상담이 필요한 것은 이닙다.

사람이 세상에서 무슨 일을 할 때는 혹 다른 사람의 찬성도 받고 또는 비난도 받게 되니, 거기에 대하여 아무 생각 없이 한갓 좋아만 하거나 싫어만 하는 것은 곧 어린아이와 같은 일이다. 남들이 무엇이라고 할 때는 나는 나의 처지를 조사하여 양심에 부끄러운 일이 없는 것이면 비록 천만 사람이 비난을 하더라도 백절불굴의 힘으로 꾸준히 진행할 것이요, 남이 아무리 찬성하더라도 양심상 하지 못할 일이라면 헌신같이 버리기를 주저하지 말 것이니, 이것이 곧 스스로 힘을 가진 공부인이 하는 일이니라. (『대종경』「인도품」)

소태산 선생님의 일을 처리하는 기준은 자신의 양심이다. 그러므로 평소에 양심을 길러 스스로를 믿고, 그리하여 하늘의 도움을 받는 사람이 되기를 기약할 일이다.

97. 福常自惜 복상자석

복이 있더라도 아껴서 누려라

有福莫享盡 福盡身貧窮 有勢莫使盡 勢盡冤相逢
유 복 막 향 진　복 진 신 빈 궁　유 세 막 사 진　세 진 원 상 봉
福兮常自惜 勢兮常自恭 人生驕與侈 有始多無終
복 혜 상 자 석　세 혜 상 자 공　인 생 교 여 치　유 시 다 무 종

복이 있어도 다 누리지 말라. 복이 다하면 몸이 가난하고 궁해진다. 세력이 있어도 다 부리지 말라. 세력이 다하면 원수와 서로 만나게 된다. 복은 항상 스스로 아끼고 세력은 항상 스스로 공손하라. 사람이 가지고 있는 교만과 사치는 시작은 있으나 끝이 없다.

　사람들이 가지고 싶은 것은 복과 권력이다. 그런데 자신에게 복과 권력이 오더라도 다 누리지 말라는 가르침이다. 다른 사람에게 양보하거나 이웃에게 나누라는 것이다. 복은 아끼고 권력에는 겸손하면 마지막에 후회할 일이 적다는 것이다.
　공자는 정나라 대부인 자산의 인물됨을 평가하면서 다음과 같이 살면 된다고 하였다.

　정나라 자산은 군자의 도를 네 가지 가지고 있었으니, 몸가짐이 공손하며, 윗사람을 섬김에 공경하였으며, 백성을 기름이 은혜로우며, 백

성을 부림에 의로웠다. (『논어』「공야장」)

이렇게 살아서, 자산은 부와 명예를 길이 누릴 수 있었다. 원불교의 창시자 소태산은 자산과 같은 사람을 '하늘 사람'이라고 하였고, 반대의 사람을 '땅 사람'이라고 하였다. 그리고 '하늘 사람'은 항시 욕심이 담박하고 생각이 고상하여 맑은 기운이 위로 오르는 사람이요, '땅 사람'은 항상 욕심이 치성하고 생각이 비열하여 탁한 기운이 아래로 처지는 사람이라고 하였다.(『대종경』「천도품」)

남과 함께 일할 때 진실 되게 하고, 친구와 사귈 때 믿음을 잃지 않으면 모두의 사랑을 받게 된다. 반대로 자신의 이익에 따라 행동하면 결국은 모두에게 외면을 당한다. 결과는 큰 차이가 나지만 선택은 짧은 순간의 일이다. 선택의 시간은 매순간 다가온다. 평소에 욕망을 살피는 훈련을 하지 않으면 순간의 유혹에 넘어가 버린다.

공자는 욕망을 살피고 이기기 위해서는 항상 말과 행동이 진실하고 독실함을 한순간도 잊어버리지 않아야 한다고 말한다.

말을 할 때는 진실 되고 믿음을 주어야 되고, 행동을 할 때는 독실하고 공경하면 비록 오랑캐의 나라에 살더라도 자신의 말과 행동이 실천될 것이니, 걸어갈 때는 눈앞에 진실과 믿음이 있어야 하고, 수레를 타고 갈 때는 수레 앞에 진실과 믿음이 있음을 보아야 순간의 유혹에 이길 수 있다고 하였다. (『논어』「위령공」)

98. 神仙不死方 신선불사방

죽지 않는 방법이 있다

酒色財氣 四堵墻 多少賢愚 在內廂 若有世人 跳得出
주 색 재 기　사 도 장　다 소 현 우　재 내 상　약 유 세 인　도 득 출
便是神仙不死方
변 시 신 선 불 사 방

술·이성·재물·혈기 네 가지의 울타리 안에 많은 무리의 똑똑한 사람이나 어리석은 사람들이 갇혀 있다. 만약 세상 사람들이 여기에서 뛰쳐나오면 신선이 되어 죽지 않는 방법이 된다.

신선이 되어 죽지 않는 방법이 특별한 것이 아니라 네 가지 유혹만 극복하면 된다고 한다. 술과 이성, 돈과 혈기이다. 그것을 이기는 방법은 그곳으로부터 뛰쳐나오는 것이다. 어떻게 하면 네 가지의 울타리에서 벗어나서 시원하게 살 수 있을까?

원불교를 창시한 소태산 선생은 사람을 세 부류로 나누어 네 가지에 대한 반응을 다음과 같이 한다고 한다.

중생은 희(喜)·로(怒)·애(哀)·락(樂)에 끌려서 마음을 사용하므로 자신이나 남이나 손해를 많이 보고, 보살은 희로애락을 초월하여 마음을 사용하므로 자신이나 남이나 손해를 보지 아니하며, 부처는 희로

애락을 노예같이 사용하므로 자신이나 남이나 이익을 많이 본다. (『원불교교전』)

세 단계 삶 중에서 각자 어느 단계에 속하는지 자신을 돌아보면 쉽게 알 수 있을 것이다.

부처로 사는 방법은 범사에 집착하지 않는 것이고, 집착하지 않는 구체적 방법으로 부처님은 팔정도(八正道), 여덟 가지 바른 길을 제시하였다. 정견(正見), 정사유(正思惟), 정어(正語), 정업(正業), 정명(正命), 정정진(正精進), 정념(正念), 정정(正定)이다. 정견은 사물을 있는 그대로 인식하는 것이다. 선입견이나 편견 없이 보는 것을 말한다. 정사유는 사랑과 평화가 깃든 올바른 생각을 회복하는 것이다. 정어는 올바른 말을 함으로써 마음의 평화를 회복하는 것이고, 정업은 도덕적이고 온화한 행동을 하는 것이다. 정명은 바른 생활이다. 바른 직업을 가지고 바르게 생활하는 것이다. 정정진은 용기를 가지고 바르게 노력하여 깨달음에 이르는 것이다. 정념은 올바른 정진을 통해 얻은 힘을 가지고 집중하는 것이다. 정정은 마음을 안정시켜서 불안한 마음을 제거하고 순수한 마음을 유지하여 깨달음에 이르게 하는 것이다.

공자는 인(仁)을 배우는 것을 싫어하지 않고, 가르치는 것을 게을리하지 않아서, 때때로 마음속으로 인이 무엇일까? 스스로 질문하며 살아가면 술과 이성 돈 혈기를 이기는 힘을 가지게 된다고 하였다.

부처님과 공자님이 제시한 네 가지 욕심을 이기는 공부의 공통점은 조금이라도 마음을 풀어 놓으면 잡념이 일어나므로, 그 기회를 주지 않고 생각을 알아차리며 틈을 주지 않는 것이다.

99. 起家之本 기가지본
글을 읽는 것이 집안을 일으키는 근본이다

讀書 起家之本 順理 保家之本 勤儉 治家之本 和順
독서 기가지본 순리 보가지본 근검 치가지본 화순
齊家之本
제가지본

글을 읽음은 집안을 일으키는 근본이요, 이치를 따름은 집안을 지키는 근본이요, 부지런하고 검소함은 집안을 다스리는 근본이요, 조화롭고 순조로움은 집안을 질서 정연하게 하는 근본이다.

책을 읽는 것이 집안을 일으키는 근본이 된다고 하는 이유는 우선 그것이 고려나 조선시대에는 과거시험을 통해 벼슬길에 나아가는 것이 집안을 명문가로 자리매김하는 유일한 길이었기 때문이다. 과거시험은 문학, 역사, 철학에 걸친 책의 내용을 묻는 것이었기에 공부하는 이는 이를 부지런히 읽고 외워야 했다. 그러나 책(글)을 읽는 이유가 오직 과거시험에만 있는 것은 아니었다. 책 속의 이치와 법도를 스스로 실행하고, 그것으로 가풍을 바로 세우는 것이 곧 집안을 일으키는 근본이 되기 때문이었다.

『논어』첫 대목에 "남이 나를 알아주지 않아도 화내지 않으면 군자가 아니겠는가?"(『논어』「학이」)라는 글이 나온다. 이 구절을 읽고 화를 조절할 줄 아는 사람이 되면 어떠한 어려움이 닥쳐도 이를 극복하고, 그리하여 뭇 사람들의 우러름을 받는 집안을 일으킬 수 있게 될 것이다. 오늘날 사람들은 '공자님 말씀'을 비아냥거리는 태도로 말하지만, 『논어』에서 가르치는 이치대로 살아간다면, 오늘날에도 스스로를 지킬 수도 있고, 집안을 보호할 수도 있다.

부지런하고 검소해야 집안을 다스릴 수 있다는 것은 누구라도 쉽게 알 수 있다. 그러나 우리는 그것만으로는 집을 잘 경영하기가 매우 어렵다는 것을 매일 느끼며 살아간다. 원불교의 소태산 대종사는 집안을 경영하는 방법을 다음과 같이 말했다.

> 첫째 온 집안이 같이 신앙할 만한 종교를 가지고 늘 새로운 정신으로 새 생활을 전개해야 할 것이며 … 넷째 온 식구가 놀고먹지 아니하며 나날이 수지를 맞추고 예산을 세워서 약간이라도 저축을 할 것이며, 다섯째는 직업을 가지되 가려서 살생하는 직업이나 남의 정신을 마취 시키는 직업을 가지지 말며, 또는 권리를 남용하여 남의 생명이나 재산을 위협하거나 가슴을 아프게 하는 일이 없게 할 것이며, 여섯째는 부부 사이에도 물질생활을 각자 자립적으로 하여 서로 부유한 가정과 국가 사회를 만 들기에 힘쓸 것이며 … 아홉째는 자녀에게 재산을 전해 줄 때는 그 생활 토대를 세워 주는 정도에 그치고 국가나 사회나 교단의 공익기관에 희사할 것이며, 열째는 복잡한 인간 세상을 살아가는데 몸과 마음을 수양하기 위하여 매월 몇 차례나 매년 몇 차례씩 적당한 휴양으로 새 힘을 길러야 한다. (『대종경』「인도품」)

후기

약 4년 전에 《양산신문》의 박성진 당시 편집국장님께서 전화를 주셔서 세상이 혼탁한데 분위기를 바꿀 수 있는 일로 『명심보감』을 신문에 연재하자고 제안하셨다. 그렇게 시작한 연재를 2년 이상 계속했다. 지나고 보니 그 기간은 나 자신의 공부를 점검하는 소중한 시간이었다. 여러 경전의 내용과 상황에 맞는 글을 찾아서 짧은 지면 안에 마무리하는 것은 쉬운 일이 아니었다. 그래도 꾸준히 하다 보니 한 편을 마무리할 때마다 새로운 세계가 열리는 기분이었다. 나로서는 그 과정이 "학이시습지 불역열호아"를 체감하고 체득하는 시간이었다.

그때의 연재를 모아, 다시 가다듬어 책으로 펴내는 것은 또 다른 차원의 공부 시간이었다. 연재할 때는 하나 하나가 독립된 글이어도 무방하였지만, 책으로 엮으려다 보니 중복되기도 하고, 하나의 흐름을 만들어 나가는 일관성도 살펴야 하는 입체적인 접근이 요구되었다. 그 과정이 또 다른 성찰을 불러 일으켰다. 한 번 썼던 글을 전체와 부분을 오가며 되풀이 읽고 퇴고를 거듭하는 일은 고역이었지만, 역시 노고근면(勞苦勤勉)에는 그만큼의 보상이 따르게 마련이라는 것을 새삼스럽게 확인하였다.

이 시점에 떠오르는 것이 그동안 은혜를 입었던 분들의 얼굴이다. 먼저는 힘든 학문의 길을 가는데 뒷바라지 해주신 아버님 고(故) 송귀호 님과 어머님 이갑필 님께 감사드린다. 지금은 나도 부모가 되어서 자식을 키우고 있지만 자식이 하고 싶은 일을 하도록 묵묵히 지지해 주는 것은 쉬운 일이 아니다. 그런데 필자의 부모님은 어려운 시골 살림에도 학문의 길을 가는 자식을 늘 격려하여 주셨다. 부모님이 뒤에서 나를 지켜보아 주시고 격려하는 분이었다면, 앞에서 학문의 길을 이끌어주신 스승님들도 있다. 그 첫 번째로 꼽을 분이 이기동 성균관대학교 명예교수님이다. 교수님은 정년퇴임 이후에도 동굴학교 프로그램을 만들어 부족한 필자에게 함께 수련을 권하였다. 동·하계 방학 기간에 진행되는 동굴학교 프로그램의 21일간 수련 덕분에 그동안 글로만 써 왔던 동양철학 본질의 세계를 어느 정도 체험할 수 있었다. 그 연마의 시간이 이 책을 낼 수 있는 결정적인 동력이 되었다. 앞으로 동굴학교가 세상에 뿌리를 내리는데 많은 노력을 해서 스승님의 은혜를 갚고자 한다.

공부하랴 강의하랴 동분서주 한다는 핑계로 집안 살림과 자식들 교육을 오롯이 책임지고 잘 해낸 아내 박미라에게도 이 지면을 빌려 고마움을 전한다. 그리고 어머니를 도와가며 훌륭하게 성장해 준 희주, 주형에게도 고마움을 전한다. 〈도서출판 모시는사람들〉 박길수 대표님과 편집자들께도 감사드린다. 오랫동안 애써서 연재했던 글이지만 의미 없이 사라질 형편이었는데 이렇듯 멋진 책으로 만들어 주었다. 덕분에 세상에 빛을 보게 되어 기쁘기 그지없다.

마지막으로 《양산신문》 윤규현 대표님과 배정현 기자님께도 감사의 절을 올린다. 이분들의 도움이 없었다면 이 책은 존재할 수 없었다. 그 밖에도 많은 분들이 음으로 양으로 많은 도움을 주었다. 앞으로 살면서 조금이라도 그 은혜를 갚고 싶다.

이 책이 인연 있는 독자들에게 다가가, 자기 본래 마음을 찾는 데 도움이 되고, 모두가 여유롭고 아름다우며, 맑고 밝은 삶에 한 걸음 더 다가갈 수 있기를 기원한다.

2025년 8월 18일
부산 해운대에서 송봉구

명심보감과 힘께하는 마음공부

등록 1994.7.1 제1-1071
1쇄 발행 2025년 9월 10일

지은이   송봉구
펴낸이   박길수
편집장   소경희
편집·디자인   조영준
관 리   위현정
펴낸곳   도서출판 모시는사람들
        03147 서울시 종로구 삼일대로 457(경운동 수운회관) 1306호
전 화   02-735-7173 / 팩스 02-730-7173
홈페이지   http://www.mosinsaram.com/

인 쇄   피오디북(031-955-8100)
배 본   문화유통북스(031-937-6100)

값은 뒤표지에 있습니다.
ISBN   979-11-6629-245-3   03150

* 잘못된 책은 바꿔드립니다.
* 이 책의 전부 또는 일부 내용을 재사용하려면 사전에 저작권자와
  도서출판 모시는사람들의 동의를 받아야 합니다.